Milka Loff Fernandes
#selbstwert – die Happiness-Connection

22 Challenges, die dir helfen,
deine innere Stärke zu entwickeln

W0189350

MILKA LOFF FERNANDES

#SELBSTWERT

DIE HAPPINESS CONNECTION

22 Challenges, die dir helfen, deine innere Stärke zu entwickeln

adeo

INHALT

Reload your Selbstwert – diesmal mit Gefühl 9
Let's talk about … Social Media und Selbstwert 29

#SELBSTWERTCHALLENGES

Nr. 1 #tidyupchallenge 39
Nr. 2 #plantpowerchallenge 47
Nr. 3 #kannstekochenchallenge 53
Nr. 4 #30daysofstretchingchallenge 61
Nr. 5 #nakedattractionchallenge 69
Nr. 6 #ichdatechallenge 75
Nr. 7 #presspausechallenge 81
Nr. 8 #herzensbilderchallenge 85
Nr. 9 #dankedankechallenge 93
Nr. 10 #myessentialchallenge 99
Nr. 11 #hugntellchallenge 107
Nr. 12 #wiebinichchallenge 113
Nr. 13 #spackattackchallenge 117
Nr. 14 #neueslernenchallenge 123
Nr. 15 #zielstattzufallchallenge 129
Nr. 16 #kudos2mechallenge 135
Nr. 17 #neinnopenöchallenge 141
Nr. 18 #readabookchallenge 147
Nr. 19 #mirrorselfchallenge 155
Nr. 20 #okpraychallenge 161
Nr. 21 #pushupchallenge 167
Nr. 22 #belikethesunchallenge 173

Outro 183
Notizen 186
Danke 189
Quellen 191

Allen Menschen ist es zuteil,
sich selbst zu erkennen.

HERAKLIT

RELOAD YOUR SELBSTWERT – DIESMAL MIT GEFÜHL

Was wäre, wenn du immer zur richtigen Zeit am richtigen Ort wärest? Wenn du das Gefühl hättest, plötzlich Regisseur/in und Hauptdarsteller in deinem eigenen Blockbuster zu sein? Was wäre, wenn alles, was du sagen würdest, Gewicht hätte und dir egal wäre, was andere darüber denken? Was wäre, wenn du dich einfach richtig und wichtig finden würdest, so, wie du bist? Wenn du dein Leben großartig finden würdest? Was wäre das für ein Gefühl?

Wenn ich jetzt schreibe, dass sich ein gesundes Selbstwertgefühl genau so anfühlt, wärst du dann angefixt? Ja? Dann ist das, was jetzt kommt, genau richtig für dich.

Denn: Dieses Gefühl kann man erlernen. Besser noch – dass du das Gefühl jetzt vielleicht noch nicht hast, ist nur deshalb so, weil du wahrscheinlich, genau wie viele, viele andere Menschen um dich herum, einen wesentlichen Denkfehler machst. Und der begünstigt, dass du findest, dass du und dein Leben irgendwie nicht ganz vollwertig seid.

Deswegen ist „lernen" auch nicht ganz das richtige Wort. Vielleicht ist das, was folgt, eher so was wie „sanfte Selbstüberredungsarbeit". Menschen, die weniger Probleme damit haben, sich dem Thema hinzugeben, nennen es auch gerne Erkenntnisarbeit. Aber keine Angst! Du musst dir kein drittes Auge wachsen lassen. Die ganze Sache mit dem Selbstwert ist nämlich eigentlich ziemlich einfach. Und logisch. Und Selbstwertgefühl lernen ist wie laufen lernen als Kleinkind.

SCHEISSE, ABER GEIL!

Hast du einem kleinen Kind schon einmal beim Laufenlernen zugeschaut? Ein kleines Kind macht ein paar Schritte, nur um sich gleich wieder gewaltig auf seinen eventuell vollgeschissenen Windelpo zu setzen. An dieser Stelle könnte es frustriert aufgeben. Schließlich ist das Einzige, was das Kind davon getrennt hat, eine „das Leben ist hart"-Erfahrung zu machen, seine „eventuell vollgeschissene" Windel. Doch anstatt heulend sitzen zu bleiben, denkt es: „(Scheiße) … aber geil!", drückt sich vom Boden ab und versucht es noch mal, und noch mal und noch mal und … Dass es sich vor wenigen Monaten noch nicht einmal um die eigene Achse drehen konnte? Egal. Dass Gehenlernen aus keinem Winkel vorteilhaft aussieht? Egal! Dass es superanstrengend ist? Whatever! Dass es sein kann, dass das Kind niemals so schnell laufen kann wie seine älteren Geschwister? Pffft!

Dieses Kind glaubt, dass es laufen können wird, und deswegen läuft es. Und bei diesem Kind läuft es, weil ihm egal ist, was die anderen denken, weil es sich für seine Leistung in dem Moment selbst respektiert und weil es vom Mehrwert seiner Bemühungen überzeugt ist. Dieses Kind findet sich selbst einfach voll gut und ist außerdem überzeugt davon, dass es auch nur besser werden kann. Spätestens dann, wenn die Windel wieder frisch ist. So ein kleines Kind ist der Beweis dafür, dass wir alle mit Selbstwertgefühl geboren wurden. So ein Kleinkind waren wir nämlich alle mal.

Doch wahrscheinlich liegt diese Laufenlern-Erfahrung mittlerweile tief begraben unter vielen anderen eventuell wenig erfreulichen Erfahrungen und Erinnerungen, die uns alle sagen: „Du bist maximal so lala! Deal with it!"

Wenn wir jedoch ein „vollwertiges“ Leben leben wollen, müssen wir uns irgendwie an dieses Gefühl der „Vollwertigkeit“ erinnern. Ein Gefühl, dass scheinbar so tief in uns sitzt, dass es schon immer da war.

Dein Selbstwertgefühl hat also in deinem Leben schon immer all das beeinflusst, was du tust, was du sagst, wie du dich verhältst und wie auf Dinge reagierst.[1] Wie „vollwertig“ du dich in den verschiedenen Momenten deines Lebens gefühlt hast, hat maßgeblich darüber mitentschieden, wer und wie du heute bist.

Weswegen auch eine kleine Bestandsaufnahme an dieser Stelle Sinn macht. Kannst du zum Beispiel sagen: „Ich weiß, was ich kann, und ich mache auch was draus!“? „Ich verdiene es, meine Ziele zu erreichen/glücklich zu sein!“? Und wie gehst du mit Fehlern um? Die Antworten auf diese Fragen zeigen, wie sich dein Selbstwertgefühl in deinem Leben ausdrückt.

An dieser Stelle ein erster Tipp: Diese Bestandsaufnahme, sprich, die Antworten auf diese Fragen kannst du als erste Amtshandlung schon mal in dein Tagebuch schreiben. Genauso wie alles, was dir sonst so zu dem Thema in den Kopf kommt. Das hilft, deine Gedanken zum Thema für dich besser greifbar zu machen. Wenn das funktioniert, top! Wenn nicht, ist es auch nicht schlimm.

AUS DEM VOLLEN SCHÖPFEN

Deinen Selbstwert kannst du dir als so etwas wie einen Brunnen oder eine Quelle vorstellen, aus der du schöpfst. Wie viel Wasser du da rausholen kannst, entscheidet darüber, wie grün die Felder deines Lebens sind und wie lecker das von dir gepflückte Obst schmeckt.

Doch so schön das Brunnenbild auch ist, für einige von uns übersetzt es sich so, dass wir denken: „Ja, geil! Nur ist mir mein Eimer samt Seil reingefallen und ich komm nicht mehr ans Wasser a.k.a. Selbstwertgefühl ran." Oder „In meinem Eimer ist ein Loch." Oder: „Jemand gräbt mir das Wasser ab." Oder sogar: „Welcher Brunnen?!?" Oder, oder, oder …

Ein Satz wie: „Werde ein Mensch von unbegrenztem Selbstwert" wird von dieser Spezies Mensch deshalb so kritisch beäugt wie ein Stück Pizza Gorgonzola, bei dem man sich nicht sicher ist, ob das noch der Käse ist oder ob die Pizza selbst schon schimmelt.

Jedenfalls war das meine Reaktion, als ich diesen Satz als Überschrift eines Essays von einem Herrn Danny Nagashima zum ersten Mal las. Auch klang „unbegrenzter Selbstwert" so sagenhaft weit weg von meiner tatsächlichen Lebensrealität, dass ich mir an dieser Stelle beinahe überlegt hätte, ob ich nicht doch lieber wieder „netflixe & chille".

Für den Fall, dass auch du dich schon leicht vom Buch zum Bildschirm wendest, hilft es bestimmt, wenn ich das mit dem Selbstwert vorab generell zu erklären versuche.

WER BIN ICH SELBST?

„Ich denke, also bin ich." Ist ein Zitat des französischen Philosophen René Descartes, das vermutlich jeder schon einmal gehört hat. Es beschreibt aber auch so schön, wie die meisten von uns das eigene Selbst begreifen. Und um den Selbst-Wert zu erfassen, muss ich ja erst mal wissen, was ich überhaupt be-werte. So, wie ich Descartes verstehe, ist mein Selbst all das, was sich mit und durch meinen Kopf erfassen lässt. Meine Gedanken, meine Gefühle vielleicht und meine Story, also meine Erinnerungen. Wenn ich mir in die Wange kneife, es kurz schmerzt und ich das verstehen kann, dann bin das ich selbst. Dann BIN ich.

Diese Sichtweise ist eine, die das Selbst als etwas begreift, das sich vom anderen unterscheidet. Diese Trennung von „Ich" und Umgebung ist ein grundlegender Stützpfeiler unserer heutigen Selbstauffassung. Aber auch ein Grund dafür, dass wir manchmal das Gefühl haben, dass das mit unserem Selbstwert eine so wackelige Konstruktion ist.

Mit meiner gekniffenen Wange gehe ich nämlich raus in die Welt. „Oh, du hast aber nette rote Bäckchen!" heißt es dann. Oder vielleicht eher: „Wie siehst du denn heute schon wieder aus?!" Auf jeden Fall bekomme ich in irgendeiner Weise ständig Rückmeldungen über mich aus meiner Umgebung – von anderen „Selbsten". Und diese Rückmeldungen beeinflussen mich. Sie beeinflussen, wie ich mich selbst sehe und was ich über mich denke. Zusammen mit meinen Gedanken und Erinnerungen entsteht so peu à peu ein großes Gesamtbild von meinem Selbst. Und je nachdem, wie die Beziehung zwischen mir und meiner Umgebung ist, bewerte ich das Bild dann.

Wer kennt das nicht? Morgens am Frühstückstisch war noch alles in Ordnung, aber dann passierte „das Leben" und man fällt am Abend geknickt und angerissen ins Bett, wie ein entwertetes Kinoticket für einen enttäuschenden Film. Unser Selbst-Wert-Gefühl? Schläft auf der Couch!

So gesehen ist es auch nachvollziehbar, dass „unbegrenzter Selbstwert" wie ein sehr zweifelhaftes Versprechen klingt. Tatsächlich klingt es nach gnadenloser Selbstüberschätzung. In dem Fall wäre ich ja besser als alle anderen Menschen. Eine Sache, die über kurz oder lang zu Problemen MIT allen anderen Menschen führen würde, und das will ich ja eigentlich auch nicht … Je länger ich darüber nachgedacht habe, desto unmöglicher schien es mir, da eine gesunde Balance zu finden.

Was war nur anders als kleines Kind, als ich anscheinend noch einen Selbstwert hatte, über den ich nicht nachdenken musste?

Meine erste Tochter konnte mit 10 Monaten laufen, hat aber mit 14 Monaten noch rege Unterhaltungen mit ihrem Spiegelbild geführt. Dass das im Spiegel niemand anders war als sie selbst, hat sie da noch nicht gecheckt. Denn das ist etwas, das Kinder erst relativ spät lernen. Einen Wert hat sie ihrem Leben aber sehr wohl schon zugeschrieben. Ich werde auf jeden Fall nicht vergessen, wie lauthals sie schon mit wenigen Wochen eingefordert hat, was sie brauchte, um groß und stark zu werden. Doch als Baby war das sicher kein ausgeklügelter Gedanke. Für ein Baby ist es eher so ein Gefühl.

Wir FÜHLEN, lange bevor wir DENKEN können. Und so kommt auch unser SelbstwertGEFÜHL von irgendwo jenseits unseres Descartes-Selbst.

DIE ANTWORT LIEGT IM UNIVERSUM

Descartes war auch Physiker. Deswegen hier ein kleiner Gedankensprung in diese Richtung.

„Der Weltraum. Unendliche Weiten. Wir schreiben das Jahr …“ Das ist Raumschiff Enterprise und keine Physik, sagst du? Aber ich bin ja noch gar nicht fertig.

Wie alles andere um uns herum auch, besteht unser Körper aus Atomen, die sich immer wieder neu gruppieren. Bevor sie uns jedoch in „Fleisch und Blut“ übergegangen sind, sind diese Atome bereits mit Warpgeschwindigkeit durchs Weltall gedüst und haben die unendlichen Weiten der Galaxien erkundet. Long story short: Unser Körper besteht zu 97 Prozent aus Sternenstaub und ich habe zu viel Raumschiff Enterprise geguckt. Fakt ist aber, dass die Physik etwas belegt, was in östlichen Philosophien – von denen dieser zitierte Danny Nagashima ein Vertreter ist – quasi Common Sense ist: Wir sind das Universum und das Universum ist in uns. Jede Zelle unseres Körpers hat eine Ahnung davon. Wir sind alle aus demselben Stoff gemacht und wir hängen alle miteinander zusammen. Was mich betrifft, betrifft auch dich. Und umgekehrt.

Dein Selbst ist so viel größer als deine Gedanken und so viel weiter als all deine Erinnerungen und Erfahrungen. Die Story, die du heute erzählst, geht so viel weiter zurück als dein eigenes Leben. Das, was du zum Leben beitragen kannst, kannst nur du auf deine einzigartige Weise beitragen. Niemand sonst. Wenn es dich nicht gäbe, könnte dich niemand anderes ersetzen. Die Welt hätte dann ein Du-förmiges Loch.

Vielleicht kannst du dir dein Selbst so vorstellen wie eine der vielen kleinen Dellen in einem Golfball. Dieser Golfball ist übersät von Dellen, die alle scheinbar keine Berührungspunkte haben. Und doch sind sie unter der Oberfläche alle Teil desselben Golfballes. Voneinander getrennt – und doch miteinander verbunden.

Und weil jeder von uns so grenzenlos ist wie das Universum, ist auch die Sache mit dem „grenzenlosen" Selbstwert gar kein Problem. Im Gegenteil – wenn dein Selbstwert unbegrenzt ist, dann ist er gesund.

Für mich änderte sich ALLES, als ich das erkannt hatte. Aber – let me tell you this one, too – spätestens hier explodiert dir der Kopf, wenn du versuchst, dir das zu erdenken. Eher geht es darum, ein Gefühl dafür zu bekommen. Oder besser: WIEDERzubekommen.

Es gibt Menschen, die finden dieses Gefühl durch ihre Religion oder durch Spiritualität. Glaubt man zum Beispiel an den ewigen Gott als Vater der Schöpfung, dann hat der Adam und Eva das Leben eingehaucht. Weil wir von Adam und Eva abstammen, sind wir alle Geschwister – und wie unsere Ureltern auch durchdrungen von Gottes Liebe und Kraft. Außerdem hat er nicht aufgehört mit dem Schöpfen, bevor er sein Werk nicht für „sehr gut" befunden hat, wie es am Anfang der Bibel in der Schöpfungsgeschichte gleich mehrmals heißt. Beim göttlichen Qualitätscheck hast du das Prädikat „besonders wertvoll" also schon längst erhalten. Und klar, dein Selbstwert kriegt noch mal einen richtigen Push, wenn du davon ausgehst, dass du nicht nur zufällig aus dem random Zusammentreffen von Genen entstanden bist, sondern genau so beabsichtigt warst, wie du bist.

Du trägst die Liebe und Kraft Gottes in dir. Du BIST eine Milliarde Sterne. In anderen Worten: Du bist unendlich wertvoll. Und ich staune immer noch!

Deswegen hier die gute Nachricht: Du hast GAR KEIN Problem mit deinem Selbstwert. Du fühlst ihn nur nicht. Zwischen dir und deinem Selbstwert gibt es keine stabile Connection. Die Frage müsste daher eigentlich lauten: Warum ist das so und wie kann ich die Connection wieder herstellen?

DIE CONNECTION IST ALLES

Stellen wir uns das unbegrenzte Selbstwert-versum mal als World Wide Web vor. In diesem Bild sind wir dann jeweils die mobilen Endgeräte. Dann können wir mit den tollsten Apps ausgestattet sein; sie alle funktionieren nur eingeschränkt, wenn wir kein Netz haben. Dabei sind manche unserer Apps nice to have, wie beispielsweise tolle Schmink-Skills, ein flinker Daumen beim Playstation-Spielen, eine gute Auffassungsgabe oder auch unwiderstehlicher Charme.

Andere Apps aber sind systemrelevant. Das heißt, sie sorgen zum einen dafür, dass das Endgerät lange geschmeidig läuft, und zum anderen dafür, dass die Daten aus dem Selbstwert-versum auch ordentlich übersetzt werden. Wenn diese dann auch noch nicht sauber programmiert sind, sorgen sie dafür, dass alle anderen Applikationen immer wieder mal abstürzen, which will be bugging you for sure!

Leider kommen auch die regelmäßigen Updates und Bug-Fixes aus dem Selbstwert-Web. Womit wir wieder bei der Connection wären. Wer sorgt also dafür, dass du eine gute Verbindung zu deinem Selbstwert hast? Du ahnst es: du selbst! Und zwar nur du!

Es bringt nichts, sich in schwindelerregende Höhen zu begeben, um dort vielleicht ein besseres Netz zu bekommen. Das ist im Gegenteil manchmal so gefährlich, wie du es dir in deinem Kopf vielleicht schon vorstellst, und manchmal endet das sogar tödlich. Dennoch tun wir genau das, wenn wir unseren Selbstwert irgendwo anders suchen als in uns selbst.

Beim Selbstwert gibt es keine Wenn-Dann-Option. Wann immer du einen Satz, der sich nur im Entferntesten auf deinen Selbstwert bezieht, beginnst mit „Wenn ich …" und beendest mit „dann ...", bist du auf dem Holzweg. Wann immer jemand anderes den Satz für dich vorformuliert, schick ihn bitte auch in die Wüste!

Wenn du dein Handy in der Hand hältst und kein Netz hast, würdest du doch auch erst mal in deinen Netzwerkeinstellungen checken, ob die mobilen Daten überhaupt an sind und ob sich nicht vielleicht sogar ein freies WLAN irgendwo in der Nähe findet, BEVOR du dich viel zu weit aus dem Fenster lehnst …

ZU WAHR, UM EINFACH ZU SEIN?

Das Problem ist, dass die Lösung so einfach ist, dass anscheinend niemand auf die Idee kommt, dass sie relevant sein könnte. OBWOHL viele von der Allgemeinheit durchaus als weise angesehene Menschen diese Lösung mit ihrem Leben schon fett leuchtend angemarkert haben. Zum Beispiel Jesus, Gandhi, Martin Luther King oder Nelson Mandela. Deren Lösungsansätze waren aber nicht gerade bequem. Vielleicht ist auch ein Problem, dass sich die Lösung weder kaufen noch verkaufen lässt und dass sie keine „instant gratification“ bringt. Darüber hinaus braucht man oft Mut, um die Lösung tatsächlich in seinem Leben zu implementieren. Wir sind einfach anders programmiert. Und um eine STABILE Verbindung zu unserem Selbstwert aufzubauen, müssen einige von uns das kleine Einmaleins der Programmiersprache neu lernen. Aber keine Sorge! Das ist gar nicht so schwer!

Aber jetzt: the final ingredient. Das G5 oder die Glasfaserleitung zum Selbstwert-Web ist:

(Note to my future self: Ich wünsche mir Trommelwirbel-GIFs für Bücher.)

SELBSTWERTGEFÜHL IST SELBSTWERT MIT GEFÜHL

Das, was uns Menschen tief miteinander verbindet, sind unsere Gefühle. Besonders aber die Gefühle, die wir MIT Menschen mitfühlen. Unsere Empathie. Dieses Mitgefühl verbindet dich nicht nur mit anderen, sondern auch mit dir selbst. Wenn du mit dir umgehen kannst wie mit deinem besten Freund/deiner besten Freundin, wenn du dir „zuhörst“, wenn du versuchst, dich zu verstehen, dich mental auch mal umarmst, für dich einstehst, dann bedeutet das, dass du dich wahrnimmst und annimmst und ernst nimmst, so wie du bist. Ob du nun glaubst, dass du wertvoll bist, oder nicht. Indem du dir selbst gegenüber Mitgefühl zeigst, tust du schon einmal so, als ob. Denn wärst du dir scheißegal, könntest du ganz einfach auch weiter gar nichts tun.

Ergo: Die direkte Connection zu deinem Selbstwert ist Mitgefühl.

DAS GEHEIME LEBEN DER SELBSTWERT-BÄUME

Wärst du ein Baum, wäre Mitgefühl dein Stamm mit tiefen Wurzeln, der dich mit der Erde, dem unbegrenzten Selbstwert, verbindet. Ein Baum mit vielen Blättern braucht starke Äste, die sie tragen. Diese nennen wir hier Selbstbewusstsein, Selbstannahme und Selbstvertrauen.

Dein Selbstbewusstsein ist zum einen deine Fähigkeit, dich selbst als denkendes und fühlendes Wesen wahrzunehmen – deine self-awareness. Zum anderen beschreibt es auch, wie überzeugt du von dir und deinen Fähigkeiten bist. Das zahlt in dein Selbstvertrauen ein. Denn wenn du weißt, was du kannst, kannst du auch darauf vertrauen, dass diese Fähigkeiten abrufbar sind, wenn du sie brauchst, und handelst entsprechend.

Ein weiterer dicker Ast wäre deine Fähigkeit zur Selbstannahme. Das bedeutet, dass du dich genau so akzeptieren kannst, wie du im Moment bist.

Von diesen starken Ästen verzweigen sich weitere, immer kleinere, und schließlich kommen die Blätter. Die stehen für all deine Talente, dein Aussehen, deine Gefühle – all das, was dich in der Welt sichtbar macht. Je dicker und gesünder dein Stamm ist und je tiefer deine Wurzeln reichen, desto weniger anfällig ist dein Baum für die Stürme des Lebens. Doch selbst wenn ein gleißender Blitz den Stamm durchschlagen hat – solange deine Wurzeln in den Boden des Selbstwerts ragen, solange können neue Knospen entspringen.

Der deutsche Förster und Autor Peter Wohlleben beschreibt in seinem Buch „Das geheime Leben der Bäume“, wie Bäume in einem Wald sich über ihr Wurzelsystem gegenseitig Informationen, Nahrung und Zuwendung schenken. Unsere Welt ist wirklich wunderbar! Und weil auch wir Menschen über den Boden unseres gemeinsamen Selbstwerts verbunden sind, gibt es viele andere „Bäume“ um dich herum, die dich mit den nötigen Nährstoffen versorgen und dir helfen, um diese zarten Knospen wachsen und gedeihen zu lassen.

DIREKT AN DER QUELLE

Wenn ich hier schreibe, dass und wie du zu einem Menschen von unbegrenztem Selbstwert WERDEN sollst, dann geht es mir darum, dir zu zeigen, wo du Seil und Eimer findest, damit du bei deinem Selbstwertbrunnen wieder aus dem Vollen schöpfen kannst. Es geht mir darum, dass du deine Connection zu dieser Quelle – dein Bewusstsein dafür, dass dein Leben unendlich großartig und wundervoll ist – immer wieder herstellst.

Dann wirst du ziemlich schnell bemerken, dass du so, wie du bist, eine einzigartige Funktion im Wald des Lebens hast, die nur du erfüllen kannst, und zwar nicht erst, wenn du xyz erreicht hast …

sondern Schritt für Schritt – genau so, wie du jetzt bist. Und hat dein Selbstwert erst mal die Glasfaserleitung in dein Leben, dann wirst du ganz von selbst merken, wie du deine besondere Aufgabe im Leben immer besser und leichter findest und erfüllst, weil du dich zum Beispiel nicht ständig selbst sabotierst. Umgekehrt wird das vollkommen erfüllend für dich sein, weil es ja das ist, wozu du gemacht bist. So wie damals das Laufenlernen als Kind.

Wie das jetzt ganz konkret für dich funktioniert?

Keine Ahnung. Ich kenn dich ja noch nicht einmal … Ich weiß nicht, was du gerade so erlebst, was du schon durchgemacht hast, geschweige denn, wohin du willst in deinem Leben …

Die Leitung zu deinem Selbstwert musst du schön selbst freischalten. Aus eigener Erfahrung kann ich dir hier schon mal erzählen, dass du dabei eventuell auf eine ganze Menge von Programmierfehlern stoßen kannst. Es kann sein, dass du in einem Moment denkst: „So! Diese App läuft ja jetzt mal." Und im nächsten Moment nervt dich schon der nächste Bug.

Wichtig ist nur, dass du niemals aufgibst, sondern dich rebootest, vielleicht einen neuen Ansatz wählst und es immer wieder versuchst. Du wirst sehen, dass im Lauf der Zeit die Verbindung immer stabiler und auch selbstverständlicher wird. Außerdem kannst du die Erfahrung machen, dass „Scheiße, aber geil!" pervers viel Spaß macht.

AUF ZU DEN CHALLENGES!

Viele schöne Anregungen, um dich mit deinem Selbstwert zu connecten, bekommst du aber auf jeden Fall in diesem Buch. Ich habe sie #challenges genannt. Bei der ein oder anderen #challenge mag es sein, dass du dir denkst: „Seriously, Milka?!?“ Fair! Aber ist das nicht immer so, wenn man für eine #challenge nominiert wird? Außerdem: Ich will dich nicht ärgern. Ich habe mir echt Gedanken gemacht, wie du deinem Selbstwert auf die Spur kommen und dich mit dir selbst immer wohler fühlen kannst.

Im Prinzip verfolgt jede der #challenges ein irgendwie anderes Ziel. Doch jede einzelne ist dafür da, dass dir ein wenig klarer wird, wie du dich selbst siehst. Du sollst dich mit dir selbst auseinandersetzen. Wo gibst du vielleicht vor, jemand zu sein, der du nicht bist? Und warum? Jede einzelne #challenge ist auf jeden Fall eine Gelegenheit, dir selbst etwas Aufmerksamkeit zu schenken. Es könnte allerdings passieren, dass das manchmal ein echter K(r)ampf wird. Aber schließlich heißt es auch: „No challenge. No change.“ Wir erinnern uns: Wir verändern ein eventuell ziemlich hartnäckiges Programm.

Weil man an die Blätter eines Baumes meist leichter rankommt als an die Wurzeln, beginne ich auch mit eher „symptomatischen“ Sachen – sozusagen den Basics der Selbstfürsorge –, bevor ich mich über die Äste zum Stamm herüberhangele. Dass ich so vorgehe, liegt daran, dass ich dem Buch eine gewisse Struktur geben wollte. Du kannst dich aber gut und gerne auch kreuz und quer durch die #challenges arbeiten, wenn dir das eher liegt.

Es könnte auch sein, dass dich eine der #challenges besonders anspricht, während du eine andere einfach nur doof findest. Dann lass die einfach weg. Natürlich musst du auch nicht innerhalb von 3 Monaten das Buch komplett durchgearbeitet haben. Ich würde im Gegenteil sogar behaupten, dass du die ein oder andere #challenge erst beim 4. oder 5. Anlauf wirklich checkst. Nicht weil ich so eine super Challenge-Tüftlerin bin, sondern weil das Leben und wir selbst uns jeden Tag verändern und weiterentwickeln.

Vielleicht merkst du auch im Nachhinein nach irgendeinem Event am Tag, dass du gerade einen „Check" hinter eine #challenge machen kannst. Wie auch immer du es machst … do you! But DO IT!

Das Schöne ist: Du musst es nicht allein tun. Deine Freunde und auch deine Follower können mit teilhaben, wenn du das willst. Genauso wie du teilhaben kannst an den #challenges anderer, die sich gerade in denselben Feldern herausfordern wie du. Deine sozialen Netzwerke können nämlich auch das Selbstwert-versum sichtbar machen, das auf diesem Weg plötzlich alles andere ist als ein abstraktes Hirngespinst. #selbstwert #jetzt

„Also, was machen wir als Nächstes?“
„Was Gutes, was Böses, ein bisschen was von beidem.“

AUS GUARDIANS OF THE GALAXY

LET'S TALK ABOUT …
SOCIAL MEDIA UND SELBSTWERT

Diverse Studien[2] belegen, dass Menschen, die insgesamt stabil sind und einen guten Selbstwert haben, selten ein Problem mit ihrer Social Media-Nutzung haben. Umgekehrt gilt das aber nicht. Ist der Selbstwert gering, zeigt sich dieses Problem auch oft bei der Nutzung der sozialen Medien. Die sozialen Medien also grundsätzlich als etwas Schlechtes zu sehen, wäre genauso beknackt wie zu sagen, dass früher alles besser war. Weil es einfach nicht stimmt.

Nichtsdestotrotz gibt es ein paar ganz reale Dinge, die uns extrem nerven können, wenn wir die sozialen Medien nutzen.

Die wären:
- die Tatsache, dass man sich auf den Social-Media-Kanälen ständig mit anderen vergleicht.
- der Druck, den eigenen „Marktwert" hoch zu halten.
- F.O.M.O.
- die Tatsache, dass einige Menschen die Anonymität des Internets zum Anlass nehmen, sich verbal an anderen zu vergehen. Kurz: All the haters.

Nur weil wir hier auf einer #selbstwert-Mission unterwegs sind, werden die nicht einfach verschwinden. Sie werden sehr wahrscheinlich auch nicht weniger nerven. Deswegen würde ich es hier machen wie Angela Merkel: die Dinge ganz pragmatisch sehen und angehen. **Was ich nicht wegkriege, damit muss ich umgehen, bis sich das Problem von selbst gelöst hat.** Wir schaffen das.

DER STÄNDIGE VERGLEICH

Natürlich sind wir alle Individuen. Um bei den Bildern zu bleiben, die wir schon benutzt haben: In einem Wald voller Bäume finden sich keine zwei, die einander gleichen. Im Gegenteil: Je (arten-) vielfältiger ein Wald, desto gesünder und widerstandsfähiger ist er. Doch gibt es selbst bei den Bäumen im Wald einen Wettstreit darum, wer sich am besten zur Sonne durchwurschteln kann.

Auch ich schaue mich in den sozialen Medien um. Und auch ich habe manchmal das Gefühl, nicht cool genug zu sein, wenn ich so sehe, was andere in ihren Timelines von sich geben. Tja – man sollte meinen, irgendwann wird man weiser ... Warum ist das nicht so? Weil ich mich, wie ein Baum im Wald, immer mit den Accounts vergleiche, die ich slightly cooler finde als meinen. In der Psychologie nennt man das „upward comparison". Und natürlich weiß ich, dass jede/-r andere auch nur das „Beste" aus seinem Leben postet und dass diese Posts – mal mehr, mal weniger – oberflächlich und aufgehübscht sind.

Ich habe das für mich so gelöst, dass ich den meisten dieser Accounts entfolgt bin, auch wenn es teilweise Freunde von mir waren. Warum? Es heißt doch so schön: Mind your own business. In meinem Fall war das mein Selbstwert-Business. So fällt es mir viel leichter, mich darauf zu konzentrieren, was genau jetzt für mich persönlich wichtig ist.

Wie kann ich es schaffen, dass ich heute wieder zufrieden ins Bett falle? Auch meine kleinen Erfolge sehe und schätze? Bin ich heute zufriedener und dankbarer und „mehr ich selbst" als gestern? Wie kann ich morgen noch mehr von alledem sein? Denn: Wenn ich mich schon vergleiche, dann wenigstens mit mir selbst.

SOCIAL CURRENCY – SELBSTWERT UND MARKTWERT

Wie beliebt bin ich? Wie viele Likes bekommen meine Fotos? Das sind Fragen, die weit über die Diskussionen um neue Algorithmen bei Facebook und Co. hinausgehen. Diese Frage hat natürlich auch ein Stück weit ihre Berechtigung. Vor allem, wenn man mit seinem Online-Auftritt Geld verdient. Wir alle wollen doch gesehen und geliebt werden. Wenn wir damit noch Geld verdienen – Träumchen! Für mich zumindest. Ich bin da ehrlich.

Wenn wir allerdings unsicher werden, wenn wir nicht mehr oder nicht mehr so sehr gemocht werden, dann werden wir alles dafür tun, damit unser „sozialer Marktwert“ hoch bleibt. Das ist oft mit enormen Anstrengungen verbunden und hat dazu geführt, dass zum Beispiel Instagram keine Plattform mehr ist, in der man schöne Bilder davon postet, was man so gesehen und getan hat. **Instagram ist mittlerweile eine Plattform, in der man Bilder postet, von denen man denkt, dass andere sie gerne von einem gesehen und erlebt haben wollen.** Man inszeniert sein Leben. Und jeder, der einmal im Theater gewesen ist, weiß, dass eine Inszenierung durchaus ziemlich aufwendig sein kann.

Es gehört eine große Portion Selbstsicherheit dazu auszuhalten, dass man keine Likes für ein Bild oder keine Views für ein Video bekommt. Diese Selbstsicherheit habe ich, wenn ich weiß, dass ich, wenn die eine Tür zugeht, durchaus noch die Ressourcen habe, eine neue aufzustoßen. Anstatt sich also darauf zu konzentrieren, auf Biegen und Brechen noch mehr Likes und Co. zu bekommen, würde ich also mal checken, was ich sonst noch so kann, was mir Spaß macht und wie ich schlau in meine Zukunft investieren kann.

F.O.M.O – HAB ICH WAS VERPASST?

In seine Zukunft zu investieren, bedeutet oft auch, dass man sich entscheiden muss. Im Wort ent-scheiden steckt die Scheidung von etwas schon mit drin. Etwas lässt du bewusst zurück. Damit du dich etwas anderem gänzlich zuwenden kannst.

Beim Social-Media-Stressfaktor Nummer 3, der F.O.M.O. („Fear Of Missing Out“, also die Angst, was zu verpassen) tanzt die Befürchtung, nicht auf allen Hochzeiten gleichzeitig tanzen zu können, immer auf der Hochzeit mit, auf der man gerade sein Tanzbein schwingen wollte. Das ist deswegen so anstrengend, weil es dazu führt, dass man von einer „Hochzeit“, von einem Event zum nächsten jagt. Das eigene Leben wird ver-eventisiert. Natürlich sieht das auf Bildern super aus, aber mir kann keiner erzählen, dass ihn das nicht schlauchen würde.

In meiner Zeit als Moderatorin beim Musiksender VIVA gab es Wochen, in denen ich in kurzer Zeit drei Kontinente besuchte. Überall durfte ich die schönsten Dinge sehen, die tollsten Events erleben und interessante Menschen treffen. Doch keines dieser Erlebnisse brannte sich jemals so in mein Herz ein wie die drei Wochen, in denen ich im Haus meines Vaters auf den Kapverdischen Inseln ohne Netz und Internet Beton angemischt habe, um noch vor der Regenzeit die Risse in der Mauer zu kitten.

Dass wir nichts verpassen, wenn wir alles verpassen – wenn wir mit Haut und Haaren da sind, wo wir gerade sind –, das ist nichts, was ich dir schreibend vermitteln kann. Das ist eine Erfahrung, die du in dem Moment machst, in dem du den Mut hast, „die Scheidung einzureichen“. Die Scheidung von der Angst, dass irgendwo irgendwas an dir vorbeigehen könnte.

Wie wäre es an dieser Stelle mit einem Digital Detox für eine Woche? Könnte ganz konkret dabei helfen. Und ist spätestens, seit Lena Meyer-Landrut es vorgemacht hat, ja schon fast wieder cool. Warum hast du da nicht schon vorher dran gedacht? Mist! F.O.M.O-Alarm!

SOME PEOPLE JUST LOVE TO HATE

Darauf angesprochen, findet es kaum einer richtig, aber im Internet geht so eine mehr oder weniger elegant formulierte Beleidigung schnell von der Hand und findet oft auch jede Menge Zuspruch. Es ist cool, kacke zueinander zu sein.

Es gibt einen Spruch: Wenn du mit einem Finger auf eine andere Person zeigst, zeigen drei auf dich zurück. Soll heißen: Wenn du dich negativ über jemand anderen äußern musst, sagt das mehr über dich selbst aus als über diese andere Person. Warum? Du kannst nur erkennen, was du schon kennst. Das gilt auch für vermeintliche Fehler. Das allein sollte einem schon zu denken geben.

Wir leben in einer Gesellschaft, die dafür sorgt, dass wir Fehler herausstreichen. Wenn ein Fußballer 89 Minuten lang hervorragend gespielt hat, steht am nächsten Tag dennoch nur in der Zeitung, dass er den Elfmeter vergeigt hat. Wenn wir eine Mathe-Arbeit schreiben, steht da nicht „Gratulation! Du hast 8 von 10 Aufgaben richtig gelöst." Da steht: „2 von 10 falsch. Du hast das Prinzip nicht ganz verstanden." Wir lernen gar nicht erst, uns nicht an unseren Fehlern aufzuhalten und einfach weiterzumachen. Wir lernen, bei unseren Fehlern noch einmal genauer hinzuschauen, sie zu analysieren und gegen sie zu kämpfen, bis wir ganz perfekt sind. Und das machen wir dann überall, weil es vollkommen frustrierend wäre, wenn nur wir selbst so bemitleidenswert fehlerhafte Ausgeburten des Elends wären. Je frustrierender unsere eigene Existenz, desto mehr suchen wir bei anderen nach Stöcken im Arsch, nach Cellulite, nach Doofheit oder Hackfressen.

Doch das funktioniert nur so lange, wie wir uns davon überzeugen können, dass ich da gerade halt jemand anderen schlecht mache, und fertig. Doch tatsächlich ist es so: Weil ich gerade nicht so gut drauf bin, versuche ich, diese andere Person auf mein Level hinunterzuziehen. Wenn ich das begreife, ist es nur noch halb so befriedigend. Übrigens, umgekehrt funktioniert es auch: Wenn ich etwas an anderen bewundere, I lift myself up. Dazu später mehr.

Wenn man selbst Opfer von Hass im Netz ist, ist das Gefühl der Ohnmacht die schlimmste emotionale Herausforderung, der es sich zu stellen gilt. Haters gonna hate. Das wissen wir ja spätestens seit Taylor Swift. In solchen Fällen mache ich den Rechner kurz aus und lasse mich von meinen echten Freunden und meiner Familie in den Arm nehmen. Es hilft, mit ihnen darüber zu sprechen, bis ich wieder lachen kann. Leute, denen du wichtig bist, werden dich auch immer wieder darin bestärken, weiterhin unbeirrt deinen Weg zu gehen. Shake it off!

Wenn du Fahrrad fährst und dir liegt ein riesengroßer Stein im Weg, fährst du ja auch einfach außen rum. Was bringt es dir, stundenlang über den Stein zu schimpfen? Er wird sich davon auf keinen Fall auch nur einen Zentimeter bewegen. Andererseits gibt es einige besonders gewitzte Fahrradfahrer, die anfangen, den Stein dafür zu nutzen, ihre eigenen Skillz zu verbessern, und ihn in ihre Tricks und Stunts einbauen. Anstatt sich an dem Stein zu stören, freuen die sich über so ein cooles Hindernis, weil es sie besser macht. Das klingt gerade für dich ein wenig wie Selbstwert für Fortgeschrittene? I know. Ich bin auch noch beim Ausheulen …

Also, wie auch immer deine Life goals aussehen, ich gehe mal davon aus, dass „Stein sein" keins davon ist. Deswegen kannst du dir an dieser Stelle auch schon mal schwören, dass du selbst NIEMALS schlecht über andere reden und/oder zu urteilen wirst – schon gar nicht online.

Nicht nur Freunde und Familie können Hilfestellung leisten. Es gibt auch Organisationen, die sich hierauf spezialisiert haben. Dort kannst du auch erfahren, wie man sich wehren kann, wenn man das will. Zu verhindern, dass dein Gegenüber dir Schaden zufügen kann, bedeutet, für deine Selbst-Sicherheit zu sorgen.

Ich habe gelernt, dass es nichts bringt zu diskutieren, und schon gar nicht, den/die Täter/in zu beleidigen und zurückzuätzen. WENN ich reagiere, dann mache ich die Attacken öffentlich und gehe auf sie ein. Dabei überlege ich mir aber sehr genau, was ich damit erreichen will und kann. Hatern ist die Reaktion ihrer Opfer nämlich eigentlich egal und man sollte ihnen am besten keine Beachtung schenken. Aber manchmal hilft es, dass ich sehe, ich bin mit meiner Meinung nicht allein und es gibt Leute, die auf meiner Seite sind. Das tut gut. Besser tut aber noch, wirklich einen Riegel davor zu schieben, die betreffenden Personen zu blocken und gegebenenfalls auch mit Hilfe von Leuten, die sich damit auskennen, rechtliche Schritte zu unternehmen.

SOCIAL MEDIA-NUTZUNG IST KEIN ERSATZ

Eigentlich muss ich es nicht noch einmal sagen, aber ich tu es doch, denn „Wiederholung ist der Textmarker des Autors“: Die sozialen Medien sind kein Ersatz für die Freunde und Beziehungen, die du in deinem direkten Umfeld hast. Die sind es, die für deine Selbstwert-Entdeckungsreise wirklich wichtig sind.

Selbst wenn du keinen einzigen Post mit einem der Hashtags aus diesem Buch machst, werden die #challenges dir etwas bringen. Der Hashtag #selbstwert steht online nur als Erinnerung da. Als Post-it. Als friendly reminder für dich. Es ist wie eine Pinnwand. Ein Tagebuch. Eine Möglichkeit, mit anderen Menschen über dieses Thema in Kontakt zu kommen. Der Hashtag #selbstwert lenkt deinen Blick auch online vielleicht auf etwas, was für dein Leben wesentlich ist. Auf jeden Fall wesentlicher als Schuhe, Kosmetik oder der günstigste Lieferservice.

Mehr ist es nicht. Und du würdest ja auch keine zwei Stunden am Tag vor einer Pinnwand, einem Tagebuch, einem Post-It oder einem friendly reminder stehen. Wenn dir das also mit den sozialen Medien passiert, ist das tendenziell ungesund.[3]

Nichts im Leben musst du sofort super können. Das gilt auch für den verantwortlichen Umgang mit Social Media. Es ist wahrscheinlich, dass wir alle es erst lernen müssen und dass genau dann, wenn wir denken: „Now I got it!" schon die nächste Lektion um die Ecke kommt.

PEP-TALK

Wenn du jetzt sagst: „Okay, ich versuch´s mal!", dann ist das schon mehr als genug. Probier die #challenges einfach mal aus. Du brauchst sie dabei noch nicht mal so ernstzunehmen. Ich finde es super, wenn du einfach nur Spaß hast. Auf lange Sicht macht sich das eh besser im Gesicht. Und dann hoffe ich, dass ich ganz bald deine ersten Erfahrungen lesen/sehen/hören kann.

WICHTIG!

Kein Buch der Welt kann dir helfen, wenn du ein wirkliches psychisches Problem oder eine Erkrankung hast. Bücher können dich begleiten, dich unterstützen und dir Hoffnung geben, aber wenn es dir wirklich schlecht geht und du das Gefühl hast, dass deine Probleme schwerer zu bewältigen sind als der Mount Everest, dann lass dir bitte von jemandem helfen, der dafür ausgebildet ist. Weil du es wert bist, auch einmal ein Stück des Weges getragen zu werden, bis du selbst wieder die Kraft hast, auf eigenen Füßen zu stehen.

Tidy Room – Tidy Mind

PINTEREST

#SELBSTWERTCHALLENGE NR. 1

#TIDYUPCHALLENGE

DAUER: 2 Stunden bis 2 Tage. Kommt drauf an.

DU BRAUCHST:

Du brauchst: Dein Zimmer/Wohnung. Putzzeug. Einen Timer. Dein Foto-Device. Dein Tagebuch.

HOW TO:

1. Nimm dir eine Ecke eines Zimmers vor, beispielsweise deinen Schreibtisch oder deinen Kleiderschrank oder dein Bett. Fang entweder mit dem Ort an, der dir gefühlt am wichtigsten ist. Oder starte da, wo es dich nicht überfordert. Aber fang auf jeden Fall sofort an.
2. Mach ein Vorher-Foto.
3. Beginne damit, alles zu entfernen, was nicht in diese Ecke reingehört. Putze sie. Und ordne alles so, dass sie dir uneingeschränkt gefällt.
4. Erst DANN! geh über zur nächsten. Und zur nächsten. Und so weiter.
5. Wenn du am Ende der Zeit zufrieden vor dem Ergebnis stehst, mach ein Foto für uns (und deine Mama).
6. Vergleiche die beiden Fotos und notiere in deinem Tagebuch, wie du dich jetzt fühlst. #tidyupchallenge #selbstwert

Randnotiz: Eigentlich muss ich dir ja nicht erzählen, wie Aufräumen geht. Tatsächlich habe ich erst spät angefangen, das Aufräumen für mich zu entdecken. Bis dahin gab es Wochen und Monate, da konnte man oft nur auf Stelzen durch meine Wohnung gehen. Und obwohl ich Ordnung eigentlich liebe, bin ich oft zu faul, alles auch wirklich ordentlich zu halten. Mit einigen Tricks gelingt es mir erfahrungsgemäß aber trotzdem. Bitte! Ausnahmsweise! Gern geschehen!

1) PICK YOUR SHIT UP!

Meine erste Amtshandlung besteht immer darin, Dinge, die auf dem Boden liegen, aufzuheben. Mittlerweile zum Glück lange, bevor sie zu Hügeln anwachsen. Die Gewohnheit macht den Unterschied!

2) WAS KEINEN FESTEN PLATZ HAT, KOMMT WEG.

Ich schmeiße regelmäßig alles weg, was keinen Platz in meiner Wohnung hat. Alternativ verschenke oder verkaufe ich es. Das heißt, dass wirklich ALLE Dinge, bei denen ich mir nicht sicher bin, wo ich sie hintun soll, weichen müssen. Ich habe nämlich festgestellt, dass es genau diese Dinge sind, die meinen Space unordentlich werden lassen. Also, bevor ich mich von ihnen stressen lasse, weil ich nicht weiß, wohin damit, kann ich mir genauso gut überlegen, ob ich sie WIRKLICH brauche. Meistens ist die Antwort „Nein!". Die Dinge, DIE ich brauche, sofort zur Hand zu haben, WENN ich sie brauche, ist etwas, was mir wiederum das Gefühl gibt, dass ich mein Leben sprichwörtlich „im Griff habe".

3) FOKUS BIS ZUM ENDE!

Konzentrier dich und bleib dran, bis du fertig bist.
Mein Tipp dafür: Nur eine vorher bestimmte Zeit lang einen bestimmten Ort aufräumen und nicht länger. Zum Beispiel:

45 Minuten für den Schreibtisch. Stell dir hierfür den Timer. Morgen ist auch noch ein Tag und das Letzte, was passieren soll, ist, dass du am Ende des Tages frustriert und übermüdet vor einem Berg ausgeräumter Sachen sitzt, weil du dich zu lange damit aufgehalten hast, deine Klamotten nach Ärmellänge zu sortieren. Bring diese eine Sache, nämlich in dem Fall deinen Schreibtisch, in Ordnung. Erst dann, wenn du damit durch bist, kannst du dir den Timer neu stellen und am nächsten Ort beginnen.

ZIEL:

Diese erste Challenge ist simpel, aber effektiv. Denn Aufräumen hat viele Vorteile. Auch für deinen Selbstwert. Zunächst einmal aber bringt Aufräumen ganz offensichtlich Ordnung und Klarheit ins dein Leben. Schaden kann es also schon mal nicht. Doch tatsächlich bedeutet Aufräumen, sich selbst um seine Sachen zu kümmern – a.k.a. Verantwortung zu übernehmen. Und dieses „Verantwortung übernehmen“ ist der Soft Skill, an dem wir mit dieser Challenge arbeiten.

Besonders wenn wir ein schwaches Selbstwertgefühl haben, vermeiden es einige von uns ganz gern, die Verantwortung für uns und für unsere Umgebung zu übernehmen. Es könnte ja etwas dabei schief gehen und dann wären wir schuld. Manchmal spielt auch der Gedanke mit rein, dass man ja ganz grundsätzlich zu „so etwas“ (was auch immer das gerade ist) gar nicht in der Lage sei. Ich habe die Erfahrung gemacht, dass diese Selbstauffassung nicht selten bis in die eigenen vier Wände kriecht und sich in Form von notorischer Unordnung bemerkbar macht.

Wenn du jetzt also sagst: „OMG! Ich bin doch so hoffnungslos unordentlich!" ... Well, you just proved my point.

Ich hätte früher auch niemals gedacht, dass der Zustand meiner Wohnung tatsächlich etwas darüber aussagen könnte, wie es um meinen Selbstwert steht. Ich werde aber auch nie vergessen, wie sehr sich mein Leben tatsächlich dadurch verändert hat, dass ich angefangen habe aufzuräumen. Im Rückblick war das meine erste tatsächliche Selbstwert-Erfahrung. Ich zog von meiner deprimierenden Ein-Zimmer-Notlösung direkt an den Gleisen am Kölner Hauptbahnhof in ein großzügiges Appartement im Grünen, das ich dann – und das war die eigentlich wahre Revolution für mich – zusammen mit einer Freundin lange bewohnen sollte.

Es gibt ein buddhistisches Prinzip, das besagt, dass deine Umgebung ein Spiegel deines Selbst sei. Das erklärt, warum ich jedes Mal, wenn ich in meinem Leben eine gewisse Klarheit vermisse, anfange, meine Wohnung zu schrubben. Irgendwo muss man ja anfangen. Warum also nicht da, wo man ist? In dem Moment, in dem du deine schmutzige Unterhose vom Boden aufhebst und selbst in den dafür vorgesehenen Wäschekorb geworfen hast, hast du bereits einmal kurz die Verantwortung dich, deine Umgebung und dein Leben übernommen. Small things can make a big difference.

Trotzdem kann ich Folgendes nicht oft genug betonen: Chill! Auch wenn das hier `ne Challenge ist – du machst sie nur für dich! Überfrachte dich nicht mit der Erwartungshaltung deines inneren kleinen Perfektionisten. Wir suchen nicht Germany's Next Aufräummeister. Wir suchen deinen Selbstwert.

BEISPIELE:

ICH HAB JETZT ALLE MEINE IDEEN IM BLICK.

#TIDYUPCHALLENGE
#SCHREIBTISCH #NEAT
#TIDYROOMTIDYMIND
#DANKE @SELBSTWERT

@KONMARI GALORE!
#TIDYUPCHALLENGE #SELBSTWERT
#COLLEGEDORM #INTHECLOSET

NICHT ANDERS. NUR AUFGERÄUMT ...

#TIDYUPCHALLENGE
#ENDLICHGESCHAFFT
#ALTESCHACHTELN
#SELBSTWERT

Auch in der Natur ist alles irgendwie geordnet,
wenn auch in verschiedener Weise:
schwimmende und fliegende Tiere und Pflanzen.
Und es ist nicht so, dass eines beziehungslos
neben dem anderen stünde,
sondern überall gibt es Beziehungen.
Auf ein Ziel hin ist alles in der Welt gerichtet.

ARISTOTELES

#SELBSTWERTCHALLENGE NR. 2

#PLANTPOWERCHALLENGE

DAUER: Anschaffung: 30 Minuten bis 1 Stunde.
Challenge: mindestens 1 Monat

DU BRAUCHST:

Eine Grünpflanze. Einen Übertopf bzw. einen Teller. Pflanzerde. Wasser. Einen geeigneten Platz in deinem Zimmer/Wohnung. Dein Fotodevice.

HOW TO:

1. Besorg dir eine Pflanze, die dir gefällt. Denke daran, dass sie zu dir und deinem Leben passen muss. Wenn du viel unterwegs bist und niemanden hast, der deine Pflanze gießen kann, dann ist eine Kaktusart oder eine Aloe angebrachter als eine Bananenstaude. Mach dich im Internet schlau oder –noch besser – lass dich vor Ort beraten (dann weißt du auch gleich, wo du hingehen kannst, wenn es der Pflanze mal „nicht gut geht"…).
2. Stell deine neue grüne Freundin an einen schönen Platz, an dem du sie jeden Tag sehen kannst.
3. Was auch immer passiert: DO NOT KILL IT!
4. Nach einem Monat setzt du dich neben deinem frischen und hoffentlich noch grünen Mitbewohner in Szene und machst uns ein Foto. #plantpowerchallenge #selbstwert

ZIEL:

Here she is again! Unsere liebe Freundin, die Verantwortung. **Verantwortung für sein eigenes Leben zu übernehmen ist irgendwie eine so schrecklich abstrakte Angelegenheit, bei der man manchmal nicht weiß, wo man anfangen soll.** Deswegen übernimmst du hier einfach die Verantwortung für ein anderes lebendiges Wesen. Da kannst du auch gleich sehen, ob du dabei eine gute Figur machst, und wenn ja, ist so eine Pflanze auf jeden Fall ein wirklich nett anzusehender Friendly Reminder.

Du könntest auch für einen Tag auf das Haustier von Freunden aufpassen. Same thing. Aber das ist nicht wirklich für jeden etwas. Die Haustiere meiner Freunde würden sich im Anschluss jedenfalls sicher alle ziemlich bei ihren Haltern beschweren.

Selbstwert-Turbo-Boost-Tipp: Gib der Pflanze deinen Namen! So wirst du nicht nur eine Pflanze mit Liebe, Aufmerksamkeit, Wasser, Licht und ermunternden Worten füttern, sondern gleichzeitig auch dich selbst.

BEISPIELE:

#PLANTPOWERCHALLENGE
#SELBSTWERT #PFLANZENSELFIE
#HAARIGEANGELEGENHEIT

PFLEGELEICHT? NA HOFFENTLICH ...

IT SURVIVED

#PLANTPOWERCHALLENGE
#SELBSTWERT
#CASUSCACTUS

#PLANTPOWERCHALLENGE
#SELBSTWERT #MORNING
#BALCONY #ALLESNEU

DARF ICH VORSTELLEN:
BALKONIEN

Alles, was Sie hier sehen,
verdanke ich Spaghetti.
SOPHIA LOREN

#SELBSTWERTCHALLENGE NR. 3

#KANNSTEKOCHENCHALLENGE

DAUER: 30 Minuten bis 3 Stunden – 1 Post

DU BRAUCHST:

Ein Rezept zum Nachkochen. Eine Küche. Die Zutaten, die du für das Rezept brauchst. Entsprechend Zeit. Dein (Foto-)Device. Deine Freunde.

HOW TO:

1. Such dir ein Rezept aus, das dich anspricht. Irgendein Gericht, von dem du denkst, dass es dir und deinen Freunden gut schmecken würde.
2. Lies das Rezept gründlich (!) durch.
3. Bereite dich gut vor. Nichts ist schlimmer als Stress beim Kochen …
4. Du brauchst: Ausreichend Zeit im Vorfeld. Eine saubere Küche. Du solltest Lust haben, dich darin aufzuhalten. Alle Materialien, die du brauchst, um das Gericht fertig zu stellen. Schon mal versucht, ein Ikea-Regal ohne Imbus-Schlüssel aufzubauen?? Jap! Das richtige Werkzeug ist Gold wert. Ebenfalls am Start: Alle! Zutaten. Plane jeden Arbeitsschritt im Voraus. Ist der Ofen vorgeheizt? Hab ich die Pfanne griffbereit? Stehen die Getränke schon kalt? Hab ich Servietten eingekauft?

5. Koch das Rezept nach. Du kannst es auch nach deinem Gusto (diese schwachsinnige Phrase passte noch nie so gut) uminterpretieren. Ziel: Es soll dir schmecken. Es soll gut aussehen. Es soll deinen Freunden eine Freude bereiten.
6. Rücke dein Gericht ins rechte Licht und mache ein Foodpic!
7. Zeit für gemeinsames Mnom! Mnom!
8. Mach anschließend ein gemeinsames „Lecker war es!"-Foto!
9. Mach mit beiden Fotos einen Post. #kannstekochenchallenge #selbstwert

ZIEL:

Ich persönlich steh total auf pragmatische Ansätze. Vor allem, wenn sie lecker sind. Wir alle müssen essen. Aber nicht jeder kann kochen. Dabei ist kreatives Kochen für das Selbst-Bewusstsein wie Hyaluron für die Lippen – ein Boost. Denn **jede neu erlernte Fähigkeit stärkt unser Selbst-Bewusstsein, und jedes Mal, wenn wir das Gefühl haben können: „Ich schaffe das", bedeutet das, dass unser Selbst-Vertrauen ein wenig gestiegen ist.** Dabei ist für manch einen schon ein Pfannkuchen eine total kreative Geschichte. Der andere gähnt und wagt sich mutig an ein Coq au Vin. Was am Ende genau auf den Tisch kommt, ist aber weniger wichtig, als dass du in dem Moment das Gefühl haben kannst, das sagt: „Schau mal, das hab ICH heute geschafft."

Für sich selbst zu kochen, bedeutet auch Verantwortung für sein Leben zu übernehmen. Kochst du für andere, übernimmst du Verantwortung für das Wohlergehen anderer. Das ist für manch einen ein dickes Ding.

Mit Mitte 20 steckte ich in einer tiefen Depression. Zu der Zeit stellte sich mein Leben für mich dar wie ein Schwarzes Loch, das selbst für Stephen Hawking zum Ergründen zu langweilig gewesen wäre. Zu der Zeit lebte ich in Berlin und hatte eine gute Freundin, die ich – einfach, um aus meinem eigenen Sumpf mal rauszukommen – abends oft besuchte. Anna hatte einen sehr anstrengenden Job, kam spät und meist sehr müde nach Hause und hatte den ganzen Tag selten etwas Anständiges gegessen. Ich weiß nicht mehr, wie es kam, aber irgendwann machte ich es mir zur Gewohnheit, uns aus den Sachen, die sie noch in ihrer Speisekammer hatte, etwas Leckeres zu essen zu kochen.

Diese scheinbar klitzekleine Ursache hatte riesige Wirkungen: Abgesehen davon, dass ich meine kreativen Cooking Skills verbessern konnte, waren es diese regelmäßigen Abendessen, die mir die körperliche Energie zurückgaben, die ich brauchte, um mich auf den Weg raus aus der Depression zu machen. Die Gespräche, die wir beim Essen hatten, waren das Futter für die Seele, das ich in dieser Zeit brauchte, um das Licht am Ende des Tunnels nicht aus den Augen zu verlieren.

Das Leben drehte sich plötzlich nicht mehr ausschließlich um mein gefühltes Elend. Es hatte auch wieder eine herrlich goldbraune Kehrseite, an die ich mich zum ersten Mal wieder erinnern konnte, wenn ich das Omelett in der Pfanne wendete. Und zum zweiten Mal dann, wenn Anna begeistert verkündete, wie lecker es sei.

Wer hätte das gedacht? #selbstwert #kannstekochen

BEISPIELE:

#KANNSTEKOCHENCHALLENGE
#SELBSTWERT #PASTAGLÜCK

SIMPEL UND EFFEKTIV.
SO MACHT MAN DAS.

WIR HABEN'S DANN
ABER AUCH GEGESSEN...
VERSPROCHEN!

#KANNSTEKOCHENCHALLENGE
#SELBSTWERT
#KANNSTEBACKEN
#KUCHENFREUNDE
#SONNTAGNACHMITTAGMITFREUNDEN

SIE MACHT MIR DIE NÄGEL, ICH MACH IHR DEN KUCHEN! DER PERFEKTE DEAL FÜR UNSER SELBSTWERT-WOCHENENDE! ☺

#KANNSTEKOCHENCHALLENGE
#SELBSTWERT #BACKEN
#CAKE #SCHOKOLADE #LECKER
#NIXFÜRMÄNNER #MEINMÄDCHEN

As I often tell my students the two most important phrases in therapy as in yoga are:
“Notice that!” and “What happens next?”
Once you start approaching your body with curiosity rather than with fear everything shifts.

BESSEL VAN DER KOLK

#SELBSTWERTCHALLENGE NR. 4

#30DAYSOFSTRETCHING CHALLENGE

DAUER: 30 Tage, täglich 20 bis 60 Minuten

DU BRAUCHST:

Eine Yogamatte (ein Teppich tut es auch als weicher Untergrund), eventuell Yoga-Blöcke (alternativ geht auch ein Stapel Bücher) & ein Handtuch, nach Bedarf und Belieben Yoga bzw. Flexibilitäts-Tutorials auf YouTube, ein Buch mit Anleitungen fürs Flexibilitäts-, und/oder Mobilitätstraining oder eine/n Trainer/in, die/der dabei helfen kann.

HOW TO:

1. Wie steht es um deine Flexibilität? Dehnst du deinen Körper regelmäßig? Kannst du beispielsweise mit gestreckten Beinen in der Vorwärtsbeuge deine Füße berühren oder nicht? Mach einen Flexibilitätstest (siehe Tutorial auf der Webseite/Instagram).
2. Mach von jeder der Endpositionen jeweils ein „Vorher"-Foto.
3. Schreib in dein Tagebuch. Wo fühlst du dich besonders starr? War das schon immer so? Was fühlst du an der Stelle, wenn du sie dehnst? Wie wichtig war und ist dir Stretching? Hast du Bock auf diese Challenge oder hältst du sie für Zeitverschwendung?

4. Mach Dehnübungen. Jeden Tag 20 bis 60 Minuten. Ist es dein Ziel, nach 30 Tagen wie der Kung-Fu Panda im Spagat zu sitzen? Dann dehne lieber ein bisschen mehr. Denk aber auch bitte daran, deine Erwartungshaltung entsprechend anzupassen, wenn du dabei herausfindest, dass deine Sehnen und Muskeln eher die eines Terminators sind als die eines Panda.

   Yoga, Faszientraining, Flexibilitätstraining: Im Internet findest du massenweise Tipps und Anregungen, wie du körperlich flexibler werden kannst. Wenn du jemanden in deinem Bekanntenkreis hast, der sich wirklich damit auskennt, umso besser. Frag sie/ihn, ob sie/er dir dabei helfen kann. Leg einen Schwerpunkt auf die Stellen, wo du besonders steif bist. WICHTIG: SEI LIEB zu dir! Das gilt vor allem für alle, die das lesen und nicht dem Cirque du Soleil angehören. Wenn du ein Stück Frischhaltefolie an zwei Enden packst und ziehst, dehnt sie sich, bis sie irgendwann reißt. Wir wollen nicht, dass das Gleiche auch mit deinen Bändern passiert. Hier gilt daher: weniger ist mehr. Wenn es stechend weh tut, gehst du zu weit!

5. Notier während der Challenge immer mal wieder, wenn dir etwas auffällt. Welche Gedanken kommen dir in den Kopf, wenn du dich dehnst? Was fällt dir auf? Bist du vielleicht sauer auf dich, weil du dein Bein nicht hinter deinen Kopf klemmen kannst, die in dem Tutorial aber schon? Wie reagierst du darauf? Ziehst du an deinem Bein, bis es fast abfällt? Was machst du, wenn dir etwas weh tut? In welchen Positionen fühlst du dich wann wohl? Was fühlst du in den Muskeln, wenn du sie dehnst? Wird der Muskel warm, versteift er sich oder ermüdet er?

Betrachte deinen Körper beim Stretching als Freund. Das solltest du zwar so oder so immer tun, aber was ich meine, ist, dass du dich sehr genau und so objektiv wie möglich beobachten sollst. Beim Yoga sagen sie dazu „Sei achtsam!". Wie viele Tage hast du die Übungen geskippt? Warum? Wolltest du aufgeben? Hast du es getan? Alles zählt, (weil) du zählst!

6. Mach für jede der Test-Endpositionen ein „Nachher"-Foto nach Ablauf der Challenge und poste beide mit dem Hashtag #30daysofstretchingchallenge #selbstwert. Schreib dazu, was dir das Stretching der letzten Tage gebracht hat – für deinen Körper und für deinen #selbstwert. #30daysofstretching #selbstwert

ZIEL:

Stretching! Seriously?! Warum? So „out of place" diese Challenge hier auch wirkt, so sehr kann sie den Unterschied machen, wenn es darum geht, dein Leben und deine Beweglichkeit zu schätzen. Dafür gibt es verschiedene Gründe. Zum einen ist das hier eine „Achtsamkeitsübung". Das heißt, es geht darum, dass du dir deines Körpers und somit deiner selbst bewusst wirst. Wenn du dich also fragst: „Wie werde ich selbstbewusst?", dann kannst du ganz einfach mit täglichen Dehnübungen anfangen.

Anders, als viele denken, sind selbstbewusste Menschen nicht die, die mit dicken Eiern und 'ner fancy Frisur durch die Gegend gehen. **Selbst-Bewusstsein bedeutet, sich vergegenwärtigen zu können, was in der jeweiligen Situation im eigenen Körper passiert.** Es bedeutet, seine eigenen Emotionen erkennen zu können und sie sein lassen zu können. Es bedeutet, sich selbst mit einer gewissen Neugier gegenüberstehen zu können.

Natürlich sind auch andere Sportarten gut für eine bessere Körperwahrnehmung. Keine Frage! Ich selbst hab auch immer viel Sport gemacht. Das ist alles nicht für nichts. Nur war es mir dabei halt auch immer verdammt wichtig, dass mir der Sport (nicht vor allem, aber auch) in Sachen Aussehen etwas bringt – am liebsten auch gern schnell. Das könnte eventuell auch für dich zur Falle werden. Deswegen stretchen wir hier ausschließlich. Gerne auch in ausgeleierten Socken, mit Pickel im Gesicht und im alten Pulli vom Vaddi.

Hier geht es nicht um die Herausforderung, um das Ergebnis, um die Sensation. Es geht nicht um einen Spagat, eine perfekte Brücke oder (im wahrsten Sinne des Wortes) atemberaubende Flexibilität. Es geht um den Augenblick, den Prozess und die Entwicklung. Es geht a) darum, dass du dich kennenlernst, so wie du gerade bist. Und b) darum, dass du merkst und lernst, wie dich dein konsequenter Einsatz langsam, aber sicher weiterbringt. **Konsequenter Einsatz führt zum Erfolg, auch wenn dieser nicht sofort sichtbar ist.**

Diese Formel wird dir regelrecht in Fleisch und Blut übergehen. Denn das ist etwas, das sich vor allem beim Stretching bewahrheitet. An Tag 1 merkst du von deinen Bemühungen eventuell noch gar nichts, und auch an Tag 6 ist wahrscheinlich noch nicht viel Veränderung zu sehen. Aber vielleicht spürst du schon ein bisschen etwas, machst weiter und – schwupps – sind 30 Tage vorbei und im Vorher/Nachher-Vergleich erkennst du einen bemerkenswerten Fortschritt. Und DAS wiederum gibt dir schließlich das Selbst-Bewusstsein, auch in anderen Situationen, in denen der Outcome deiner Handlungen nicht sofort offensichtlich ist, dranzubleiben und nicht aufzugeben.

Vorschlag zur Güte: Kann es sein, dass du diese Challenge schon beim Lesen zu krass findest? Dass du nicht weißt, woher du die Zeit nehmen sollst? Oder dass du nach 2 bis 3 Tagen bemerkt hast, dass es dir einfach irgendwie zu viel wird? Bevor du die Challenge für die folgenden 27 Tage aus deinem Kalender streichst oder sie gar nicht erst ausprobierst, mach lieber einfach weniger. Jeden Tag nur 5 Minuten nach dem Aufstehen oder vor dem Schlafengehen zum Beispiel. Oder leg einfach jeden zweiten Tag eine Pause ein und nutz die Zeit, um zum Beispiel zu lesen oder deine Gedanken in deinem Tagebuch zu ordnen. Es liegt auch in der Natur der Sache, dass Stretching nicht wirklich „spannend" ist. Aber selbst meine 8-jährige Tochter, die Dehnübungen im Allgemeinen immer als langweilige Zeitverschwendung angesehen hat, legt mittlerweile ganz nebenbei freiwillige Stretching-Einheiten ein, weil sie „sooooo angenehm" sind. Was ich damit sagen will, ist: „Just give it a try!" Es lohnt sich.

BEISPIELE:

...OUCH OUCH OUCH OUCH OUCH.

Ich mach ja echt viel und gehe beim #crossfit oft an meine Grenzen. Aber schon in der Schule hab ich immer die Mädels bewundert, die so mir nichts, dir nichts, in den Spagat plumpsen konnten … Davon bin ich immer noch meilenweit entfernt. Die #30daysofstretchingchallenge hat mir gezeigt, dass sich nicht alle meine Grenzen einfach so durchboxen lassen. Aber „steter Tropfen höhlt den Stein“ auch, wie man sieht.

#PROUD #SELBSTWERT

30 TAGE STRETCHEN, UND SCHLAFLOSE NÄCHTE SIND GESCHICHTE...

#30DAYSOFSTRETCHINGCHALLENGE
#SELBSTWERT #LEIDERGEIL

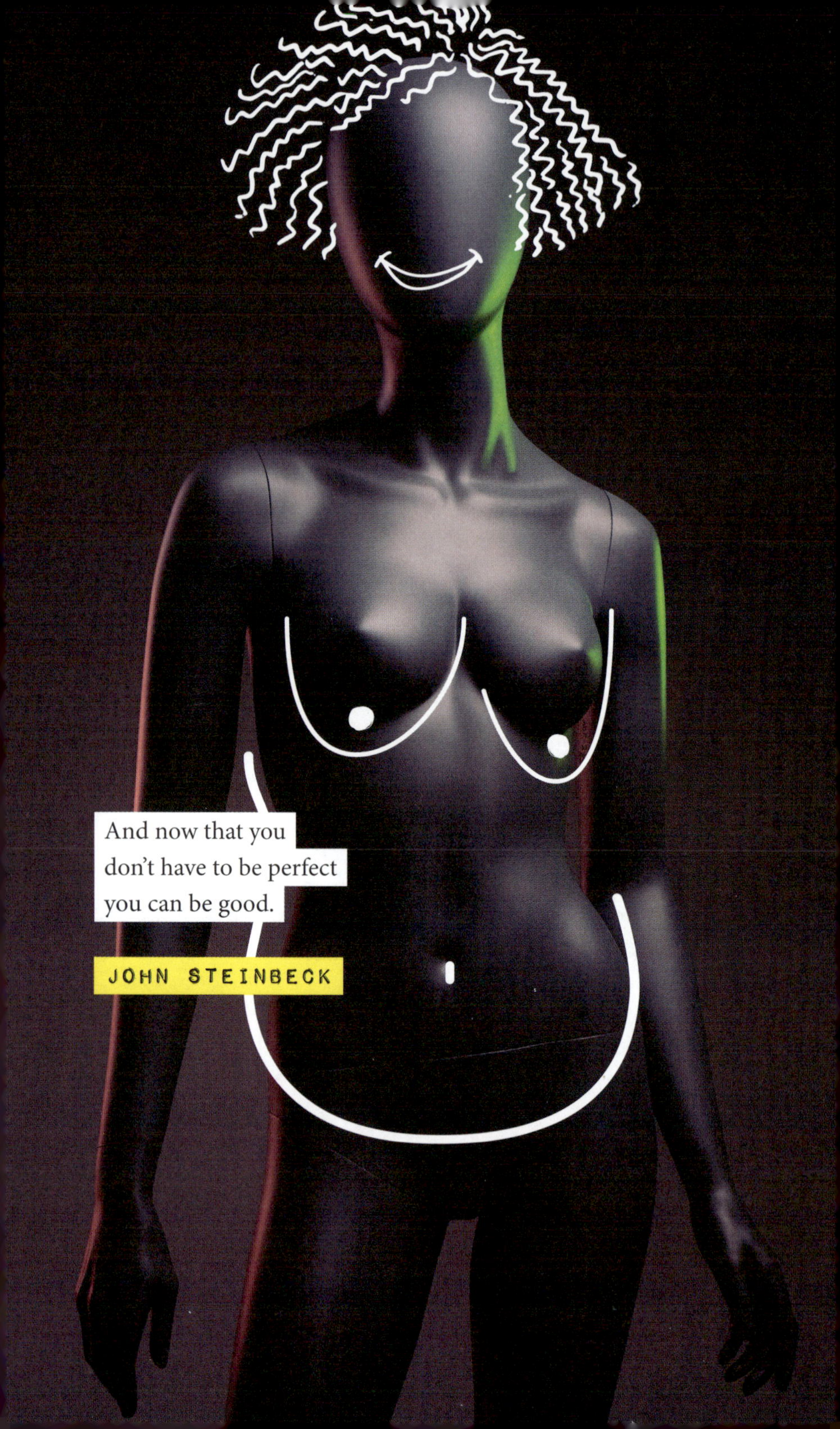
And now that you
don’t have to be perfect
you can be good.
JOHN STEINBECK

#SELBSTWERTCHALLENGE NR. 5

#NAKED ATTRACTION CHALLENGE

DAUER: 30 Minuten

DU BRAUCHST:

Einen Ganzkörperspiegel. Dein Tagebuch.

HOW TO:

1. Stell dich nackt vor deinen Spiegel. Das solltest du an einem Tag machen, an dem du im Wesentlichen mit dir selbst im Reinen bist.
2. Stell dir vor, du stehst vor einer fremden Person.
3. Widersteh dem Drang, sofort alles aufzuzählen, was du an dir hässlich findest. Jede/r von uns hat diesen Drang.
4. Stattdessen sag dir laut und deutlich, was du gut an dir findest. Dabei fängst du unten an (Füße, Beine, Unterleib) und arbeitest dich über den Torso (Bauch, Brust, Arme, Hände) weiter hoch zum Kopf (Hals, Gesicht, Haare).
5. Wenn du über deinen Körper sprichst, denk auch daran, was er dir schon alles ermöglicht hat … was er mit dir durchgemacht hat … was er noch alles mitmachen wird … Das ist auch eine Gelegenheit, mal „Danke!" zu sagen. Denn selbst wenn dein Körper deinem eigenen ästhetischen Standard vielleicht nicht genügt, so ermöglicht er dir doch das ein oder andere nennenswerte Erlebnis und hat seine guten Features.

„Ich habe eine wirklich gerade Nase."
„Meine Augen funkeln so freundlich."
„Die Narbe auf meinem Schlüsselbein zeigt mir jeden Tag, wie sehr ich meinen Sport liebe und dass ich immer weitermachen werde."
„Ich habe starke Beine. Danke, dass ich mit euch so schnell Ski fahren kann."
Und so weiter. You get the picture.

6. Nimm dir Zeit, deinen Körper gut kennenzulernen. Schau dabei auch die Stellen an, die du sonst so gut versteckst. Wenn du Fragen zu einzelnen Körperteilen hast oder Dinge an dir nicht einordnen kannst, frag deine/n Arzt/Ärztin, wenn du das nächste Mal zu ihm/ihr gehst, oder stell die Fragen einer Person, der du vertraust. Es gibt auch im Internet eine Menge Erklär-Seiten, auf denen du zu vielen dieser Fragen gute Antworten findest.
7. Schreib deine Gedanken zu deinem Körper und deine Kommentare anschließend in dein Tagebuch auf. #nakedattractionchallenge #selbstwert

ZIEL:

Das ist eine Selbst-Annahme-Übung. **Die einzige Beziehung, die man immer hat, ist die Beziehung mit sich selbst.** Dabei gibt es leider viel zu viele Menschen, die sich einfach nur fürchterlich finden, wenn sie in den Spiegel schauen. Es gibt auch nicht wenige, die sich selbst noch nie so richtig angeschaut haben und teilweise die Vulva einer Pornodarstellerin besser beschreiben könnten als die eigene.

Ein großer Teil der Selbst-Annahme findet tatsächlich vor dem Spiegel statt. Und auch, wenn man nicht alles an sich schön finden muss, ist es doch wichtig zu verstehen, dass der eigene Körper, so wie er ist, absolut Sinn macht. Er arbeitet unablässig dafür, dass du dein Leben leben kannst. **Dein Körper lässt dich sein. Er macht dich angreifbar, aber gleichzeitig macht er dich auch erst greifbar.** Er gibt deinem Geist eine Form und lässt sich gleichzeitig von deinem Geist formen. Dein Körper wird in keinem Moment deines Lebens derselbe sein. Denn jeder Moment deines Lebens wird in ihm seinen Eindruck hinterlassen.

Wenn du all dies im Hinterkopf behältst, während du deinen Körper betrachtest, siehst du ihn mit ganz anderen Augen. Manchmal werde ich gefragt: „Milka, wie kannst du so ernst bleiben, wenn du vor diesen ganzen nackten Menschen bei *Naked Attraction* (eine Datingshow im Fernsehen, die ich moderiere) stehst?“ Ich stehe so vor ihren Körpern, wie ich vor meinem Körper stehen würde. Und weil ich weiß, dass jedes meiner Worte einen Eindruck hinterlassen wird, überlege ich mir sehr genau, was ich sage. #nakedattractionchallenge #selbstwert

Tipp: Wenn dir das mit dem Nacktsein echt too much ist, was ich komplett verstehe, dann unterteile die Challenge doch einfach in drei Phasen.

Phase 1: Mach diese Challenge einmal in deinem absoluten Lieblingsoutfit.
Phase 2: Mach die Challenge in Unterwäsche/Schwimmsachen.
Phase 3: Mach die Challenge nackt.

Das muss nicht alles am selben Tag geschehen. Lass dir Zeit. Diese Zeit kannst du auch dazu nutzen, dich zu fragen, wann du dich wohl fühlst. Beziehungsweise: Wann fühlst du dich *nicht* wohl? Wenn du dir vorstellst, dass bei der Challenge noch jemand neben dir stehen würde – wer dürfte das sein? Frag dich das jeweils einmal, wenn du angezogen bist, einmal im Bikini und einmal nackt. Wieviel dürfen welche Leute von dir sehen?

Diese Übung hilft dir dabei, deine Komfort-Zone in diesen verschiedenen Situationen zu definieren. Um diese Komfort-Zone herum liegt deine persönliche Grenze. Eine Grenze, die du nur dann verteidigen kannst, wenn du sie genau kennst. So trainierst du dich nicht nur in Sachen Selbst-Annahme, sondern du trainierst auch deine Selbst-Sicherheit.

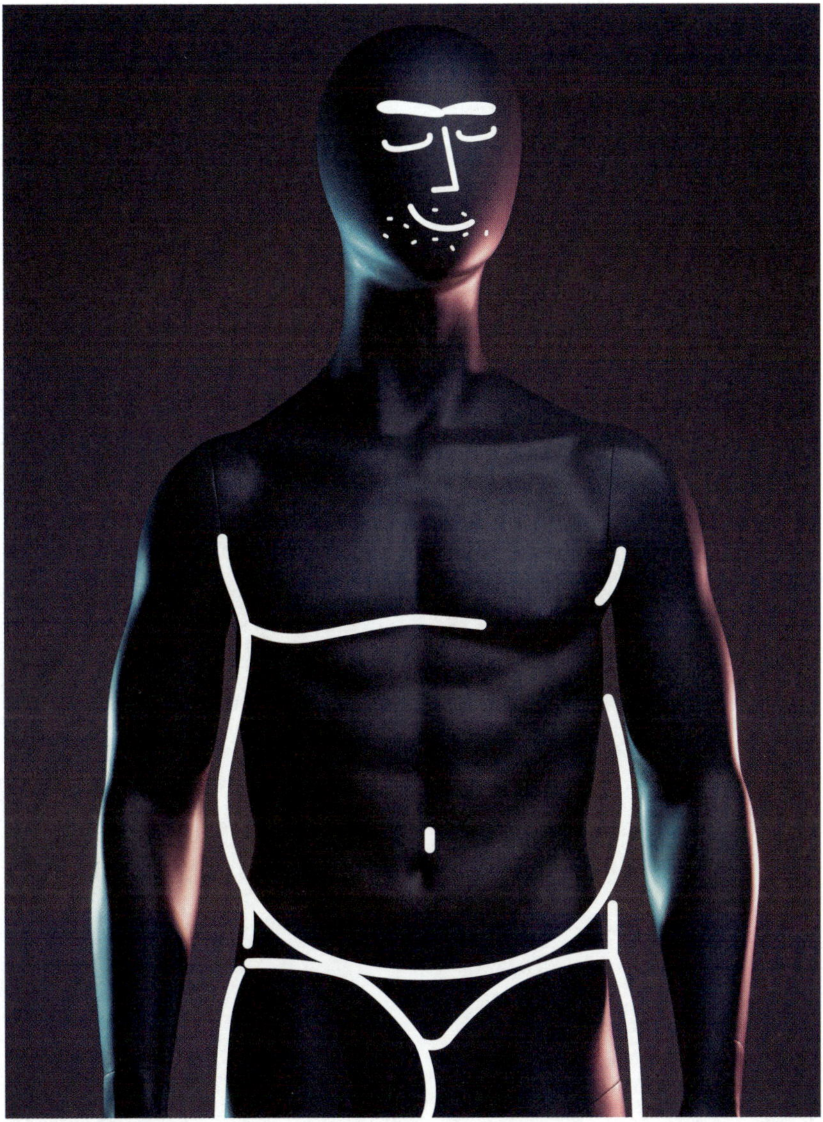

Das wichtigste Gebot der Selbstliebe:
Behandle dich selbst so,
wie du von anderen behandelt werden möchtest.
ROLF MERKLE

#SELBSTWERTCHALLENGE NR. 6

#ICHDATECHALLENGE

DAUER: 1 bis 3 Stunden. 1 Post

DU BRAUCHST:

Einen Plan. Entsprechend Zeit. Einen Termin. Dein (Foto-)Device. Dein Tagebuch.

HOW TO:

1. Plane ein Date mit dir selbst. Was wolltest du schon immer mal tun? Was würde dir gerade guttun? Wo wolltest du schon immer mal hin? Und so weiter.
2. Mach einen Termin mit dir selbst. Trag ihn fest in deinen Terminplan ein und blockiere ihn.
3. Bereite dich gut vor. Besorge alle „Zutaten", die du für dein Date brauchst. Hol dir Blumen, dein Lieblingsgetränk/essen, deinen Lieblingsfilm und/oder reserviere einen Tisch im Restaurant/Beauty Salon/Kino etc.
4. Genieß die Zeit mit dir selbst. Easy!
5. Wie war's? Mach einen Post. #ichdatechallenge #selbstwert
6. Welche Erfahrung hast du heute gemacht? Würdest du es wieder machen? Genauso oder anders? Wie lief dein #ichdate?
7. Vielleicht wird das auch wieder ein interessanter Eintrag in dein Tagebuch …

ZIEL:

Sich besser kennenlernen. Sich aufeinander einstimmen. Sich auschecken … abklopfen, gut zueinander sein, Eindruck aufeinander machen und so weiter. Bei einem Date passiert genau das. Und dasselbe gilt auch für das #ichdate. Mit dem Unterschied, dass du beim #ichdate ganz besonders gut zu dir sein solltest, weil du am Ende garantiert mit dir im Bett landen wirst.

Das hier ist eine Selbst-Liebe- bzw. Selbst-Annahme-Übung. Und so wie beim Date mit einem Crush gilt auch hier die Empfehlung, die Erwartungen nicht zu hoch zu schrauben. Mach dir keinen Stress damit! Gönn dir einfach nur eine gute Zeit mit dir selbst.

Dabei liegt die Definition von „gut" absolut bei dir! Wenn für dich eine 30-minütige warme Dusche und anschließend 12 Stunden Schlaf ein gelungenes #ichdate bedeutet, musst du dich dafür genauso wenig rechtfertigen, wie wenn du für dein #ichdate 300 Gramm Kaviar aus Moskau kommen lässt, die du löffelst, während „Steven" dir Ariana Grande in Form eines neuen Tattoos auf deinem Hintern verewigt.

BEISPIELE:

...UND TSCHÜSS FÜR HEUTE.

#ICHDATECHALLENGE
#SELBSTWERT

...ICH HAB HEUTE 'NEN WICHTIGEN TERMIN MIT MIR UND MEINEM TAGEBUCH

#ICHDATECHALLENGE
#SELBSTWERT
#METIME #DIY

CHALLENGE ACCEPTED.
ABER GANZ ALLEIN WAR DANN
DOCH DOOF

#ICHDATECHALLENGE #SELBSTWERT
#MEINEKATZEUNDICH
#NATIONALRELAXATIONDAY

Manchmal brauchen wir eine Wüste,
ein Gefühl der Leere,
um die Fülle des Lebens zu spüren.

SOLEDAD ELBERT-BÖHM

#SELBSTWERTCHALLENGE NR. 7

#PRESSPAUSECHALLENGE

DAUER: 7 Minuten.

DU BRAUCHST:

Einen Timer. Dein Tagebuch. Dein Device.

HOW TO:

1. Leg das Handy weg!
2. Leg überhaupt alles weg, womit du dich sonst so beschäftigst.
3. Schalte alles aus, was dich ablenken könnte! Um dich herum sollte es so still wie möglich sein.
4. Such dir eine (weiße) Wand und setz dich vor sie.
5. Starr die Wand an!
6. Sonst tust du bitte nichts! Gar nichts! 7 Minuten lang. Außer atmen natürlich. Ein und aus. On repeat.
7. Deine Einfälle, Gedanken und Gefühle kannst du ANSCHLIESSEND im Tagebuch festhalten.
8. Wenn du es geschafft hast, 7 Minuten einfach still vor der Wand sitzen zu bleiben: Gratulation! Poste einfach einen blütenweißen Hintergrund auf Instagram. #presspausechallenge #selbstwert

ZIEL:

Diese Challenge ist mein persönlicher Endboss. **Einfach mal nichts zu tun ist das Härteste, was es gibt, weil es einem so sinn- und ziellos vorkommt.** Plötzlich fallen mir Songs ein, die ich mit 6 Jahren mal gehört habe.

„Stell dir deine Gedanken als Wolken vor, die vor deinem inneren Auge vorbei ziehen.", meinte mal jemand zu mir. Ich versuche es, denke an Wolken und breche in hysterisches Gelächter aus, weil die Wölkchen in meinem Kopf natürlich zu twerken anfangen. Was ich damit sagen will, ist, dass ich tatsächlich einen Monat gebraucht habe, um auf die 7 Minuten zu kommen, ohne vorher was anderes, ganz Dringendes „erledigen" zu müssen.

Kaum etwas ist schwerer, als der Stille zuzuhören, zu atmen und in dem gleichmäßigen Rhythmus des eigenen Atems DA zu sein. Denn in dieser Stille entsteht ein eigenartiger Raum, bei dem man nicht weiß, was passiert, wenn man ihn betritt. In etwa wie im Dschungelcamp, wenn die Promis ihre Hand blind in eine Kiste stecken müssen, von der sie nicht wissen, was in ihr steckt, und sich deswegen erst überwinden müssen, es trotzdem zu tun. Wenn sie es dann jedoch getan haben, war es meist gar nicht so schlimm. Im Gegenteil – zumindest was diese Challenge anbelangt, kann es sogar sein, dass du es sogar sehr schön findest.

Hier geht es um nichts, außer darum, bewusst einmal die Pausetaste zu drücken und zu schauen, ob da vielleicht etwas ist, was du sonst im weißen Rauschen deines Alltags überhörst. Wenn 7 Minuten sich wie eine Ewigkeit anfühlen für dich, dann versuch es erst einmal mit 3 Minuten. So lang ist in etwa einer deiner Lieblingssongs.

Das gilt ganz grundsätzlich für alle Challenges hier: Es ist keine Schande, sie so runterzubrechen, dass du das Gefühl hast, dass du dich an sie ranwagen kannst. Aber auch wenn diese Challenge als einmalige Geschichte angelegt ist – wenn du feststellst, dass dir das Interior Design in dem neu entdeckten Space in dir selbst super gefällt, spricht gar nichts dagegen, da eine gewisse Regelmäßigkeit reinzubringen. Im Gegenteil.

BEISPIEL:

#PRESSPAUSECHALLENGE
#SELBSTWERT

Man sieht nur mit dem Herzen gut.
Das Wesentliche ist für die Augen unsichtbar.
ANTOINE DE SAINT-EXUPÉRY

#SELBSTWERTCHALLENGE NR. 8

#HERZENSBILDERCHALLENGE

DAUER: 7 Tage, beziehungsweise mindestens 3 bis maximal 6 Posts

DU BRAUCHST:

Eine Polaroidkamera, wenn du eine hast. Ansonsten dein Photodevice. Etwas, womit du dir dein Photodevice (Smartphone, Kamera) umhängen kannst.

Diese Challenge könnte auch heißen #ausderhüftegeschossen. Klingt vielleicht cooler – oder auch nicht. Wäre jedenfalls auch erlaubt … solange man nicht durch den Sucher oder auf den Bildschirm schaut.

HOW TO:

1. Häng dir dein Device um, starte deinen Tag und genieße ihn. Was macht deinen Tag aus? Ein Regenbogen am Horizont? Das Lachen deiner besten Freundin über den wirklich sehr schlechten Witz, den du gemacht hast? Der Blick vom Balkon deiner Eltern? Ein leerer Kühlschrank? Was ist es, was heute dein Herz berührt?
2. Mach ein Bild davon & poste es! #herzensbilderchallenge #selbstwert

Für dieses Bild gelten folgende Regeln:

A) Dein Device bleibt vor deinem Körper auf Herzhöhe hängen! Mach so lediglich ein Bild am Tag. Nicht mehr!
B) Du betätigst den Auslöser, OHNE vorher auf dem Bildschirm das Motiv kuratiert zu haben. Wenn du mit einem Smartphone fotografierst, heißt das: Du öffnest die Kamerafunktion, hältst deinen Finger auf den Auslöser, wendest dich dem Motiv zu und drückst ab.
C) Voilà! Du hast ein Foto! Fertig! Was siehst du? Ist es das, was du erwartet hast? Ist es schön? Ist es nicht schön? Was hast du erwartet? Ist es vielleicht mehr als das? Hat deine Kamera etwas eingefangen, was dein Auge gar nicht gesehen hat? Was ist das? Was ist dir dieses Bild wert?
D) Poste dein Bild! Poste es wirklich! Auch wenn es echt nicht so gut geworden ist. Wir sind bei dir und wollen mehr über den Moment wissen. Denn der ist es, der dieses Bild zu etwas Besonderem macht. Dein Herzensbild! Schreib deine Gedanken und Erkenntnisse dazu. Wie kam es zu dem Bild? Was ist auf dem Bild zu sehen? Warum? Hat dieses Bild tatsächlich einen Mehrwert für mein Leben? Warum?

ZIEL:

Bilder sind Momentaufnahmen unseres Lebens. Das war's! Doch fehlt Bildern nicht nur die zeitliche Dimension, sondern auch die Tiefe, Weite, (Gefühls-)Dichte, die die Momente unseres Lebens erst mit Bedeutung füllen. **Was ein Bild wertvoll macht, ist die Erinnerung, die durch dieses Bild festgehalten wird.**

Deswegen habe ich irgendwann beschlossen, dass ich auf meinen privaten Fotos lieber bewusst scheiße aussehe, als das Foto noch einmal zu machen. Ich finde, wenn es sich nicht um ein (professionelles) Fotoshooting handelt, leidet ein toller Moment einfach immer darunter, wenn ich anfange zu posen. Vielleicht ist das bei Bella Hadid und Co. anders, weil die einfach immer unverschämt gut aussehen. Doch das wage ich zu bezweifeln. Und selbst wenn: Was hat das mit deinem Moment, deinem Leben zu tun?

Die #herzensbilderchallenge fordert dich dazu heraus, weniger den Motiven hinterherzulaufen und wieder mehr die Momente zu zelebrieren, die ein Motiv erst zu etwas Besonderem machen. Auch kannst du die Challenge als Gelegenheit nutzen, darüber nachzudenken, was dir eigentlich warum wirklich gefällt. Wenn du das rausgefunden hast, spricht nichts dagegen, dir diese Dinge und/oder Momente auch richtig doll zu gönnen. Denn ein richtig breites Lächeln sieht immer gut aus. Frag Bella!

BEISPIELE:

DER ENGEL IN MIR:
„WHOOPS!“
DER TEUFEL IN MIR:
„...ÄRSCHE BRINGEN LIKES...“

#HERZENSBILDERCHALLENGE
#SELBSTWERT
#ART #SIGHTSEEING

#SCHLÜSSELVERGESSEN
#WARTEN #FACEPALM
#HERZENSBILDER #SELBSTWERT

LET ME IN!

#AUSDERHÜFTEGESCHOSSEN
#KRAM
#INSTAFAIL
#NICHTSCHÖNABERECHT
#KEINEZEITFÜRNFOTO
#HERZENSBILDER
#SELBSTWERT

Keine Schuld ist dringender als die, Dank zu sagen.

MARCUS TULLIUS CICERO

#SELBSTWERTCHALLENGE NR. 9

#DANKEDANKECHALLENGE

DAUER: 10 Tage. 10 Posts.

DU BRAUCHST:

Dein (Foto-)Device.

HOW TO:

1) Mach jeden Tag ein Foto von einer Sache, für die du dankbar bist.
2) Poste dieses Bild in deinen Storys oder in deinem Feed.
3) Erklär, was man sieht und warum du dafür dankbar bist. #dankedankechallenge #selbstwert

ZIEL:

Ich hab mich natürlich zum Thema Selbstwert auch ein bisschen umgehört und die verschiedensten Menschen gefragt, was sie denken, wie man zu mehr Selbstwert gelangt. Es waren Coaches dabei, Therapeuten, Klempner, alte Menschen, Jugendliche, Männlein, Weiblein, Undefiniert … Die Antwort war in fast jedem Fall: „Es fängt mit Dankbarkeit an. Sei dankbar für dein Leben!“

Nun haben die meisten von uns – spätestens mit der Pubertät – die Neigung, eher wie Grumpy Cat zu sein als wie Little Miss Sunshine. Das ist auch kein Wunder. Stell dir vor, du bist zu Besuch im Louvre und stehst vor der Mona Lisa. Und jetzt sitzt der Mona 'ne dicke fette Fliege auf der Nase. Du wirst das Bild nicht genießen können, bis die Fliege weg ist. Schlimmer noch: So lange die Fliege Mona noch auf der Nase rumtanzt, rücken Monas Schönheit und Einzigartigkeit in den Hintergrund und werden maximal zur Bühne für Mr. McFly.

Als ich 16 war, habe ich angefangen, bei mir in Hamburg-Berne in einer kleinen Konditorei als Aushilfe zu arbeiten. Ich weiß noch, wie eines Tages mittags ein Typ reinkam, der sich beim Bestellen so total danebenbenahm, dass ich mich am Abend beim Putzen immer noch über ihn aufregte. Als die Inhaberin mein Gemecker hörte, meinte sie nur trocken: „Weißt du, Milka, von hundert Kunden heute waren neunundneunzig richtig nett, aber der eine, der doof war, über den regst du dich auf …"
Tja.

In dieser Challenge geht es darum, dass wir unseren Blick wieder auf das Gute und Schöne in unserem Leben richten. Dinge, die wir oft als so selbstverständlich ansehen, dass wir sie einfach nicht mehr würdigen.

Doch diese Dinge sind alles andere als selbstverständlich. Sie sind das Ergebnis der ständigen Bemühungen von irgendetwas oder irgendjemandem. Wenn wir ein ernsthaftes Interesse daran haben, unser Leben wertzuschätzen, sollten wir vielleicht einfach mal damit anfangen, unser Leben wertzuschätzen – so, wie es ist.

Denn wenn wir es so, wie es ist, nicht schätzen können, wie können wir dann erwarten, dass wir überhaupt wissen würden, wie Wertschätzen geht, wenn unser Leben anders wäre? (Ja, da kannste mal drüber nachdenken! ☺)

Es gibt Leute, die empfehlen hierfür ein Dankbarkeitstagebuch, in das man jeden Abend schreibt, wofür man an diesem Tag dankbar ist. Andere beten und danken Gott beziehungsweise der Instanz, an die sie glauben, für alles, was ihnen passiert ist. Viele Wege führen nach Rom. Wir reisen halt 2.0-Style, machen Fotos … und teilen sie …

BEISPIELE:

DANKE, DASS MEIN KIND HEUTE GESCHLAFEN HAT WIE EIN STEIN.

WENN DAS SO WEITERGEHT,
WIRD DAS MIT DER #DANKEDANKECHALLENGE
DIE NÄCHSTEN 10 TAGE KEIN PROBLEM...

#SELBSTWERT #URLAUBSGRÜSSE

#DANKEDANKECHALLENGE
#BESTEFREUNDE
#SELBSTWERT

„WIR DANKEN DIR BESESSEN
FÜR DIESES TOLLE FRESSEN!“
(BART SIMPSON) UND DAFÜR,
DASS IHR DA WART!

Ich bin das A und das O,
der Anfang und das Ende.
DIE BIBEL. OFFENBARUNG 21,6A

#SELBSTWERTCHALLENGE NR. 10

#MYESSENTIALCHALLENGE

DAUER: Ein Tag. 1 Post.

DU BRAUCHST:

Dich. Zeit zum Nachdenken. Dein Tagebuch.

HOW TO:

1. Stell dir selbst folgende Fragen:
   Was ist das Wertvollste für mich?
   Worauf falle ich zurück, wenn sonst nichts mehr geht?
   Worauf vertraue ich?
   Was hält mein Leben zusammen?
   Was ist der Dreh- und Angelpunkt meines Lebens?
2. Nimm dir Zeit dafür, die Antworten auf diese Frage zu finden. Und sei schonungslos ehrlich mit dir.
3. Fass deine Gedanken eventuell im Tagebuch zusammen.
4. Kann man von deinem „Essential" ein Bild machen? Dann tu es und schreib dazu, wie du darauf gekommen bist, dass er/sie/es der Dreh- und Angelpunkt deines Lebens ist. Und vor allem, was das für dein Leben bedeutet! #myessentialchallenge #selbstwert

ZIEL:

Standortbestimmung zur Stärkung des eigenen Selbstvertrauens. Sich über die Richtung und Ausrichtung des eigenen Lebens bewusst werden.

Jeder Mensch hat einen Fixpunkt im Leben. Etwas, auf das er sein Leben ausrichtet, wie ein Segler seinen Kurs nach dem Polarstern. Ein Etwas oder ein Jemand, ohne den/das wir nicht (sein) können – unser „Essential". Das kann der Partner sein, die Karriere, ein rotes Auto, Followerzahlen, Alkohol oder Gott. Es kann alles Mögliche sein. Denn es scheint so, dass wir als Menschen ohne so einen Fixpunkt nicht leben können.

Es ist nur logisch, dass der Kurs unseres Lebens von unserem Fixstern und seiner Qualität beeinflusst wird. Mein Fixpunkt war immer meine Karriere. Es war mir unglaublich wichtig, sehr erfolgreich zu sein in meinem Beruf. Doch dann bekam ich Epilepsie und musste dagegen so starke Medikamente nehmen, dass ich nicht mehr das Gefühl hatte, meinen Job überhaupt noch machen zu können. Und wenn ich doch etwas machte, war es einfach objektiv schlecht. Deshalb blieben auch die Erfolge aus. Und gefühlt fiel mein Leben auseinander.

Frag dich also auch, wie verlässlich dieses eine Ding eigentlich ist, auf das du dich da immer zurückfallen lässt! Andersrum: Was wird immer da sein, solange du bist, ganz egal, was passiert? Könnte es Sinn machen, dieses „Essential" nicht in äußeren Dingen oder anderen Menschen, sondern lieber in dem grenzenlosen Potenzial deines eigenen Lebens, also im Selbstwert-versum zu suchen?

Diese Challenge dient im Prinzip deiner Standortbestimmung. Du kannst herausfinden, was dir wirklich wichtig ist und warum. Und dabei bekommst du auch einen Eindruck davon, warum und wie schnell sich dein Leben in diese oder jene Richtung bewegt. Weil du weißt, wohin die Reise geht, wird dein Vertrauen in dein eigenes Leben stärker. Safe to say, dass ein weise gewähltes Essential dein Leben in positiver Art und Weise verändern kann.

BEISPIELE:

#myessentialchallenge by @j_to_the_enna

ESSENTIAL: FESTHALTEN – AUSHALTEN – DURCHHALTEN.

Ganz gleich, in welcher Lebenslage du dich befindest, behalte immer dein Ziel vor Augen und halte daran fest. Schau dich nur mal um. So viele Menschen gibt es, die sich mit irgendetwas abgefunden haben, sich beklagen, aber nichts dagegen tun. Menschen, die sofort aufgeben, wenn es schwierig wird. Das fühlt sich kurz besser an, aber sie sind einfach nicht in der Lage, einen gewissen Schmerz auszuhalten, der zum Erreichen des Ziels nötig ist. Deshalb ist „Durchhalten" die Königsdisziplin, um sein Ziel tatsächlich auch zu erreichen. Hier stellt sich nicht die Frage ob, sondern wann. So kann man jeder Krise die Stirn bieten und wird sie auch erfolgreich bestreiten. So ist das Leben – „ein ungetarnter Arsch in Perfektion" – but beautiful.

#MYESSENTIALSCHALLENGE #SELBSTWERT

DAS ESSENTIAL 2020!!!

Im März hatte man ja schon irgendwie das Gefühl, dass Klopapier Papiergeld ablösen könnte … Oder hattest du etwa keine Klopapier-Begegnung der dritten Art?

Ich selbst hatte ja kein Bock auf das Ganze und bin dazu übergegangen (political correctness galore: nachhaltiges) Klopapier im Internet zu bestellen. War rückblickend keine so schlechte Idee. In anderen Worten: Ich hab aus Scheiße Gold gemacht.

Was hat dich am meisten am Hamsterkaufwahnsinn verwundert? Bist du dem zum Opfer gefallen? Don't worry! Ich hab auch mehr Nudeln gekauft, als wir für den ganzen Monat nötig hatten. Aber waren sie wirklich essenziell?

#MYESSENTIALCHALLENGE
#SELBSTWERT
#EWIGELIEBE
#FUSSBALLFAN

UND TÄGLICH GRÜSST DIE ERDNUSSBUTTER.

Wenn du mich fragst, ohne was ich nicht kann …
Ganz klar … Erdnussmus. Mnom!

#MYESSENTIALCHALLENGE #SELBSTWERT
#PEANUTBUTTER #SCHMECKTMIREINFACH

Hi, everyone.
I'm Olaf and
I like warm hugs!
OLAF, DER SCHNEEMANN
IN DIE EISKÖNIGIN

#SELBSTWERTCHALLENGE NR. 11

#HUGNTELLCHALLENGE

DAUER: 1 Minute oder mehr – 1 Post.

DU BRAUCHST:

Eine Gelegenheit. Eine/n Freund/in oder Familienmitglied. Dich. Dein Fotodevice. Eventuell eine/n Fotografen/in

HOW TO:

1. Finde eine Person.
2. Umarme sie und lass dich umarmen. Gaaaaaanz fest.
3. Tut gut? Dann lass dir Zeit damit!
4. Redet miteinander.
5. Macht ein Foto/Film für eure sozialen Netzwerke. #hugntellchallenge #selbstwert

ZIEL:

Umarmungen sind gesund. Jedenfalls sofern mit dieser Umarmung nicht der persönliche Distanzbedarf von jemandem verletzt wird. Sie muss also in beiderseitigem Einvernehmen stattfinden, damit sie als angenehm empfunden wird.

Tatsächlich gibt es wissenschaftliche Studien[4], die belegen, dass Menschen sich durch eine Umarmung geschätzt fühlen. Das heißt, eine Umarmung hat einen direkten positiven Effekt auf unser Selbstwertgefühl. Selbstverständlich meine ich mit „Umarmung" eher nicht den kaum zu entrinnenden Würgegriff der Stieftante. Ich meine die Art Umarmung, die wir persönlich als angenehm empfinden. Selbst eine lockere Umarmung reicht. Laut der Familientherapeutin Virginia Satir kann man die jedoch ruhig öfter am Tag mal bekommen, damit es einem auch wirklich gut geht. Sie hat herausgefunden, dass man mit 8 Umarmungen am Tag gut durchs Leben kommen kann. 12 Umarmungen pro Tag seien mega für die persönliche Stabilität und Entwicklung. Wenn das kein guter Grund ist, sich – auch gerne vorsichtig – an Umarmungen heranzutasten!

Also?! Bist du noch cool oder hugst du schon? Diese Challenge kannst du als kleinen Anstoß nehmen, dich einfach mal wieder gepflegt so lange du willst in den Arm nehmen zu lassen. Oder in den Arm zu nehmen. Das hat nämlich denselben (Wohlfühl-)Effekt.

BEISPIELE:

FEMALE!
FUTURE!
FRIENDS!

#HUGNTELLCHALLENGE
#SELBSTWERT #GRLPWR

#HUGNTELLCHALLENGE
#SELBSTWERT
#VEREINSLIEBE

LETZTES WOCHENENDE MIT
MEINEN JUNGS!

EIN WILLKOMMENES „OPFER“
FÜR DIE #HUGNTELLCHALLENGE

MEIN #KLEINERBRUDER
#SELBSTWERT

Der Charakter offenbart sich nicht an großen Taten;
an Kleinigkeiten zeigt sich die Natur des Menschen.

JEAN-JACQUES ROUSSEAU

#SELBSTWERTCHALLENGE NR. 12

#WIEBINICHCHALLENGE

DAUER: 1 bis 2 Stunden. 1 Post.

DU BRAUCHST:

Bunte Zettel. Eventuell Tesafilm oder Pins. Freunde und Verwandte. Dein Tagebuch. Dein Device.

HOW TO:

1. Überleg dir, welche Charaktereigenschaften du an dir magst. Und die schreibst du jeweils einzeln auf ein Post-it.
2. Frag auch deine Freunde und deine Familie, was sie an dir mögen. Auch sie sollen es jeweils auf Zettel schreiben.
3. Sammel alle Zettel ein.
4. Kleb sie dir auf eine Wand oder arrangiere sie vor dir auf dem Boden.
5. Mach ein Foto.
6. Mach dieses Foto für 24 Stunden zu deinem Profilbild. #wiebinichchallenge #selbstwert

ZIEL:

Wie bin ich? Was macht mich aus? Welche Talente habe ich? Was kann ich gut? Aber auch: Was kann ich nicht so gut? Was mag ich nicht an mir? Die Antworten, die du dir gibst, zeigen, wie du auf die Welt wirkst.

Sich selbst einschätzen zu können setzt voraus, dass man ein gutes Selbst-Bewusstsein hat. Wenn du dich mit deiner Einschätzung auseinandersetzt, ist das ein gutes Training in Sachen Selbst-Annahme. Jetzt kommt dein Umfeld ins Spiel. Gerade, wenn es dir schwer fällt, auch gute Seiten an dir zu sehen, und du mit deiner eigenen Einschätzung gerne mal im Reich der Düsternis verharrst, sind Freunde und Verwandte dein Joker. Bitte sie aufzuschreiben, weswegen sie dich mögen und in was du ihrer Meinung nach sehr gut bist. Wenn dir das ein bisschen peinlich ist, lässt du sie dabei allein und sammelst die Zettel hinterher ein. Oder du stellst eine Box auf, in die sie ihre Zettel „anonym“ reinstecken können.

Wenn du die Zettel eingesammelt hast, heb sie gut auf, dann kannst du sie dir immer wieder durchlesen. Gerade, wenn du so gar kein gutes Gefühl dir selbst gegenüber hast, kann dir das ein wenig helfen. Es gibt nämlich Leute, für die du richtig und wichtig bist. Und wenn dich diese Karten daran erinnern, dann haben sie ihren Zweck bereits mehr als erfüllt.

Für echte #selbstwert-Freunde: Diese Challenge ist übrigens auch ein tolles Geschenk für Freunde, denen es gerade nicht so gut geht oder die vor einer wichtigen Entscheidung stehen. Bitte einfach alle Leute, die diese Person kennen und mögen, ihre positiven Kommentare auf von dir vorbereitete Zettel zu schreiben. Bastle eine „Schatzkiste“, in die du all diese Zettel legst. Und schon bekommt dein/e Freund/in ein Geschenk, das ihm/ihr echt gut tut.

BEISPIELE:

ALL DAS BIN ICH?!?!?!
I REALLY, REALLY LIKE! DANKE
@ANKELOENNE FÜR'S ZUSAMMENTRAGEN!

#WIEBINICHCHALLENGE
#SELBSTWERT #BESTEFREUNDE
#UNBEDINGTMALAUSPROBIEREN
#SELBSTBEWUSSTSEINSBOOSTDELUXE

Mad Hatter: “Have I gone mad?”
Alice: “I'm afraid so. You're entirely bonkers.
But I'll tell you a secret.
All the best people are.”

ALICE IM WUNDERLAND
VON LEWIS CARROLL

#SELBSTWERTCHALLENGE NR. 13

#SPACKATTACKCHALLENGE

DAUER: 5 Minuten. 1 Post.

DU BRAUCHST:

Richtig! Laute! Musik!

HOW TO:

1. Lieblingstrack wählen!
2. Musik an!
3. Tanzen, als gäb' es kein Morgen mehr! Tanz einmal nur für dich! Tanz so, wie du im Auto mitsingst, wenn du allein über die Autobahn fährst. #spackattackchallenge #selbstwert

ZIEL:

2 x 3 macht 4 – oder auch: Remember that inner Pippi? Wann sind wir alle zu so krassen Annikas geworden?

Niemand ist perfekt. Ich nicht, du nicht, niemand. Weiß auch jeder. Aber warum wird man so ungern beim Nichtperfektsein erwischt? Einmal, ich war etwa 12 oder 13, stand ich allein in der CD-Abteilung eines Elektronikgeschäfts und hörte mir eine neue R&B-Nummer an. So eine richtige Schnulze – de facto war es „End of the Road“ von Boyz II Men. Ich war so ergriffen, dass ich mir die Kopfhörer an die Ohren presste und lauthals mitsingen musste. Nun bin ich keine Whitney Houston, schon gar nicht, wenn ich mich selbst nicht höre. Ein amüsiertes Publikum hatte ich trotzdem – hinter mir … #ohlieberbodenuntermirtudichaufaberschnell

Je älter ich wurde, desto besser wurde ich darin, mit allen anderen auch über meine Daily Fails lachen zu können. Sagen wir, ich hab 'ne Menge Übung und 'ne ausreichend exhibitionistische Ader, dass es auch immer genug Menschen mitbekommen haben. Vielleicht willst du lieber etwas kleiner anfangen, und das ist auch okay. Mit der #spackattackchallenge gehen wir es ganz sachte an …

Musik ist großartig, weil sie etwas ganz tief in uns bewegt. Und diese innere Bewegung drücken wir beim Tanzen aus. „Tanze ich gut?“ Einer echten Pippi ist das scheißegal! Deswegen steht der Post hier nicht im Vordergrund. Hab einfach mal ein bisschen Spaß!

Wenn du dich also auch vor laufender Kamera komplett gehen lassen kannst, oder dein bester Freund/deine beste Freundin zufällig einen solchen Moment festgehalten hat, wäre es toll, wenn du diesen Moment mit uns teilst. Von mir bekommst du auf jeden Fall schon allein dafür 10 von 10 Punkten!

Doch selbst wenn nicht … Eigentlich sollte es uns allen ja egal sein, was andere von uns denken. Vor allem solche Menschen, mit denen wir in unserem Alltag rein gar nichts zu tun haben. Ist es aber nicht. Und wir können noch nicht einmal etwas dafür. Der Wunsch nach sozialer Anerkennung ist in unser Gehirn eingebrannt. Wir wollen gesehen und gespiegelt werden – möglichst positiv natürlich. Denn dann schüttet unser Gehirn Botenstoffe aus, die ähnlich wie eine Droge wirken. Das Resultat: Wir sind glücklich.

So gesehen ist es also kein Wunder, dass Likes süchtig machen und wir so sehr bemüht sind, uns in jedem Post von unserer besten Seite sehen zu lassen. **Kaum etwas wirkt anspornender als Anerkennung. Und umgekehrt ist kaum etwas ein größerer Motivationskiller als die soziale Ausgrenzung.**

Doch manchmal geht diese Suche nach Anerkennung zu Lasten unserer eigenen Integrität. Wir vergessen, wer wir sind, was uns selbst Spaß macht, was wir wollen. Wir vergessen uns selbst, weil wir nur noch daran denken, wie wir anderen gefallen können. Denken wir noch einmal an das Bild vom Baum in einem Wald voller Bäume. Was einen Baum aufrecht hält, sind Wurzeln, die tief in die Erde reichen – und nicht andere Bäume, die ihm applaudieren.

Hier geht also darum, einmal den Fokus davon wegzubekommen, wie du vielleicht wirkst, und dich darauf zu konzentrieren, wie du dich in einer bestimmten Situation fühlst. In deinem Tagebuch kannst du dir parallel dazu die Frage stellen: Wann gefalle ich mir? Was gefällt mir? Was an mir kann ich wirklich annehmen und warum? Wann ist es mir egal, was die Leute von mir denken? Wie ist es für mich, wenn ich mich komplett zum Horst gemacht habe? Oder alternativ: Wie wäre es, wenn mir etwas gnadenlos Peinliches passieren würde? Was wäre das Schlimmste, was das zur Folge hätte?

Außerdem ist die #spackattackchallenge auch ein Reminder an dich selbst. DO NOT HATE! In jedem von uns steckt ein kleiner Spacken, und wir wissen alle nicht, wofür er einmal gut sein wird.

Warum nicht? Die #spackattackchallenge ist auch ein nettes Ritual für dich selbst. Wie wäre es zum Beispiel mit „I feel good!"? Oder ein „Beste Version"-Tanz morgens beim Zähneputzen. So erinnerst du dich selbst daran, warum es echt gut sein kann, das Leben und sich selbst nicht zuuuuuuuuuuuuuuuuu ernst zu nehmen. Und auch dein Tag bekommt gleich einen ganz anderen Vibe.

BEISPIELE:

GIBT ES MICH AUCH IN COOL?
NÖ...

#SPACKATTACKCHALLENGE
#SELBSTWERT #TBT

BÖSE MENSCHEN WERDEN IHR JETZT WHITEWASHBRETTBAUCHING VORWERFEN … ABER HEY!

#SPACKATTACKCHALLENGE #SELBSTWERT
#INWÜRDEALTERNMACHTECHTSPASS
#OMAISTDIEBESTE
#OMAKILLTMICHWENNSIEDASSIEHT

Beherzt ist nicht, wer keine Angst kennt,
beherzt ist, wer die Angst kennt und sie überwindet.

KHALIL GIBRAN

#SELBSTWERTCHALLENGE NR. 14

#NEUES LERNEN CHALLENGE

DAUER: 30 Tage

DU BRAUCHST:

Eine Sache, von der du weißt: „I really suck at it, aber es wäre schön, wenn ich es könnte!“, Dein Tagebuch. Dein Foto-, bzw. Video-Device.

HOW TO:

1. Nimm dir etwas vor, von dem du weißt, dass du es absolut nicht kannst. Wenn du ganz mutig bist, ist es etwas, von dem du weißt, dass du es in 30 Tagen wahrscheinlich auch noch nicht hinbekommen wirst. Challenge yourself! Sich die Hose im Handstand ausziehen. Eine schwierige Choreografie lernen. Eine neue Sprache oder ein neues Instrument – the choice is yours und Vorbilder gibt es jede Menge.
2. Mach ein Vorher-Video/Foto davon, wo du gerade stehst.
3. Dokumentiere, wie du dein Ziel zu erreichen versuchst. Was tust du? Was tust du nicht? Eventuell zeigst du noch, wer oder was dir hilft und warum. Wie sieht dein Umfeld das, was du da gerade machst? Glauben sie, dass du es schaffen kannst?

Vielleicht machst du die Challenge auch gemeinsam mit einem Freund/einer Freundin? Wie ist das so? Wo sieht der jeweilige Partner die Fortschritte und Fehler des anderen? Welche Erfolge kannst du vorweisen? Welche Fehler machst du? Wann ist dir der Fehler aufgefallen? Wie gehst du mit Rückschritten um? Wo hakt es?

4. Ziel ist, dass du am Ende der 30 Tage dein eigenes kleines „Progress"-Video hast. Dieses sollte maximal um die 10 Minuten lang sein. Mach alternativ ein Vorher/Nachher-Bild mit entsprechendem Text.
5. Mach das Video/Foto, auch wenn du keinen „Progress" siehst! #neueslernenchallenge #selbstwert

Ziel: Das ist ein Klassiker und ich persönlich liebe solche Videos auf YouTube und Co. Ich liebe es, Menschen dabei zuzuschauen, wie sie sich weiterentwickeln. Für mich sind die Videos unterhaltsam und ermutigend zugleich. Vor allen Dingen dann, wenn nicht immer alles glatt läuft. In gewisser Weise sind sie Ideengeber für die #selbstwertchallenges. Auch wenn diese Videos für mich einen Haken haben, an dem ich mich hier kurz aufhänge, damit dein Selbstwert nicht irgendwann komplett daran hängt.

Die meisten dieser Videos sind – wenn man sie mit der Selbstwert-Brille betrachtet – zweifelhaft motiviert. Wenn wir solche Posts machen, gehen wir meist mit der Motivation da rein, dass wir danach „besser" sind als vorher und wollen am Ende allen zeigen können, dass und wie wir besser geworden sind.

Da wäre er auch schon: der Haken. Der Self-Improvement-Haken.

„Besser werden um jeden Preis." Das ist nicht nur so dahergesagt. Tatsächlich geben viele von uns viel Geld dafür aus, dass wir am Ende irgendwie besser sind als vorher. Vor allem jedes Jahr im Januar. Wir wollen besser aussehen, besser performen, besser sein ... und gehen davon aus, dass man sich das irgendwie erarbeiten kann.

Nun komme ich auf der einen Seite und sage: „Du bist perfekt so, wie du bist!" Auf der anderen Seite aber drücke ich dir eine #selbstwertchallenge aufs Auge, bei der es augenscheinlich doch ums Self-Improvement geht ... Ich dachte, ich löse das lieber von Anfang an auf, bevor es in deinem Kopf Tango tanzt. Was will ich mit dieser Challenge also wirklich?

Du sollst einfach mal etwas Neues ausprobieren und da dranbleiben, bis du ein Ziel erreicht hast. In diesem Fall ist das Ziel nicht, dass du das, was du dir vorgenommen hast, auch zu 100 % schaffst. Das Ziel ist einfach, dass du dich 30 Tage lang bemühst, es zu schaffen. 30 Tage lang dranbleiben. Mehr musst du nicht.

„Hä?!? Aber warum dann überhaupt anfangen, wenn es gar nicht darum geht, am Ende etwas damit zu erreichen?" Na ja – das Ziel unserer Reise ist Selbst-Wert und nicht Selbst-Verbesserung. **Allein die Tatsache, dass du etwas Neues beginnst, dich bemühst, etwas lernst und dich dabei selbst besser kennenlernst, ist ein gutes Training für deinen Selbst-Bewusstseins-Bizeps.** Und den Selbst-Vertrauens-Trizeps trainierst du gleich mit.

Sich etwas vorzunehmen, bei dem es eher unwahrscheinlich ist, es zu schaffen, lehrt einen nicht nur eine gewisse Bescheidenheit, sondern eventuell auch, dass man das Leben nicht immer so ernst nehmen muss. You can also call it Selbst-Annahme!

Nochmal: An dieser Stelle geht es um GAR NICHTS! Was ein weiterer Benefit dieser Challenge wäre. Denn Dinge zu üben, während man sich sicher fühlt, weil man eh nichts „muss", hilft dir dabei, auch dann mal zu delivern, wenn dir der Arsch auf Grundeis geht. Einen Salto auf Asphalt zu machen gelingt den meisten Parkour-Läufern zum Beispiel nur, weil sie es vorher 1.000-mal auf einer weichen Matte geübt haben. Dieses Training gibt ihnen die nötige Selbst-Sicherheit dafür.

Sieh diese Challenge also gern auch als Selbst-Sicherheits-Training. Außerdem – solltest du im Ernstfall glorreich scheitern, was durchaus mal passieren kann, hast du auch schon mal geübt, was du dann am besten machst: nämlich einfach weiter …

There you have it! Der 360° #selbstwert-Roundhouse-Kick. Gar nicht so doof, oder?

BEISPIEL:

ROUNDANDROUNDWEGO

#NEUESLERNENCHALLENGE
#SELBSTWERT
#SOMMERSONNEHULAHOOP
#SPASS

Der Langsamste,
der sein Ziel nicht aus den Augen verliert,
geht immer noch schneller als der,
der ohne Ziel herumirrt.

GOTTHOLD EPHRAIM LESSING

#SELBSTWERTCHALLENGE NR. 15

#ZIELSTATTZUFALLCHALLENGE

DAUER: ein freier (Sonn-)Tag.

DU BRAUCHST:

Dein Tagebuch.

HOW TO:

1. Widme dieser Challenge mindestens 2 Seiten deines Tagebuchs.
2. Mach dir Gedanken darüber, was deine Ziele im Leben sind.
3. Schreib diese Ziele auf. Check dabei die folgenden Punkte.

- Ein Ziel ist ein Ort oder ein Zustand, den du in Zukunft erreichen willst. Der Unterschied zwischen einem Ziel und einem Wunsch ist, dass du dich für das Ziel in Bewegung setzen musst. Von nix kommt nix! Formulier deine Ziele entsprechend (zum Beispiel: „Ich werde in Berlin Jura studieren").

- Du solltest dich nicht selbst sabotieren, indem du deine Ziele schon im Keim erstickst. Auch wenn dir ein Ziel im Moment unmöglich erscheint und du denkst: „Das funktioniert doch nie …" Schreib es bitte auf! Ich glaube, dass du ALLES erreichen kannst. In dem Moment, wo du dein Ziel auf Papier bringst, hast du dafür auch den ersten Schritt gemacht.

- Formulier deine Ziele so konkret wie möglich. Setz dir für jedes deiner Ziele ein Zeitlimit. (Zum Beispiel „Bis zum xx. xx.xx werde ich meine Abschlussarbeit vollständig abgegeben haben. Und zwar zu meiner vollsten Zufriedenheit.“)

- Stell dir vor, wie du dich fühlst, wenn du das Ziel erreicht hast.

- Für große Ziele oder solche, die sehr weit entfernt sind/scheinen, machen Etappenziele Sinn. So kannst du die Schritte runterbrechen. (Beispielsweise „In 15 Jahren bin ich die Chefin eines erfolgreichen Modeimperiums. In 3 Jahren beende ich mein BWL- und Modemanagement-Studium. Danach werde ich für eine Modemarke arbeiten. Ich werde mich in der Branche hocharbeiten. In 10 Jahren werde ich mein eigenes Label gründen ... usw.)

- Jedes Ziel zählt! Auch ganz kleine. Ich habe mir zum Beispiel in einer Zeit, in der es finanziell immer sehr eng war, die Dinge, die ich kaufen musste/wollte, in meine Zieleliste geschrieben – zuoberst: einen neuen roten Kühlschrank. Oder ich habe formuliert, wie viel Geld ich mindestens beim Flohmarktverkauf verdienen wollte.

- Überleg dir deine Ziele gut! Vor allem folgenden Aspekt: Wie und wann bin ich wirklich glücklich? Warum will ich das erreichen? Bereichert mich mein Ziel wirklich oder will ich nur den Erwartungen anderer gerecht werden?

4. Lies dir deine Ziele immer mal wieder durch und überleg: „Was habe ich getan, um sie zu erreichen? Wo stehe ich? Was kann ich jetzt tun? Was kann mein nächster Schritt sein?“
5. Ein Due-Date verpasst? Kein Problem! Arbeite weiter daran, dein Ziel zu erreichen. Setz dir einfach ein neues Due-Date!
6. Im Laufe der Zeit können sich Ziele manchmal verändern. Denk aber gut darüber nach, warum das vielleicht geschehen ist. Nicht, dass du nur dein Ziel aufgegeben hast, weil es dir unerreichbar scheint. #zielstattzufallchallenge #selbstwert

ZIEL:

Ziele geben uns eine gewisse Kontrolle über unser Leben. Wer auf ein Ziel ausgerichtet ist, hat auch eher das Gefühl, etwas Sinnvolles mit seinem Leben anzufangen. Dabei ist es egal, wie groß oder klein das Ziel ist.

An einem Ziel kann ich mich ausrichten. Manchmal auch aufrichten. Ich weiß, wohin ich will mit mir. Das gibt mir Stabilität und Ordnung. Wenn ich ein Ziel – egal wie groß oder klein es war – erreicht habe, kann ich mir auf die Schulter klopfen. Ich kann meine Ziele und damit mich selbst aber auch immer wieder hinterfragen: Will ich das wirklich? Was will ich? Bin ich auf dem richtigen Weg? Wo zweifle ich noch an mir? Wo habe ich Fehler gemacht? Wie kann ich aus ihnen lernen, um mein Ziel doch noch zu erreichen?

Sich zu fragen, wo man in 5 oder in 10 Jahren stehen will, ist deswegen absolut nicht nur eine Sache für das Vorstellungsgespräch oder die Abschlusszeitung. In dem Moment, in dem du ein Ziel formulierst und es schriftlich festhältst, übernimmst du die Verantwortung für dein Leben. Das ist deine Chance, deinen tiefsten Wünschen eine Form zu geben. Trau dich was!

Eines der ersten Ziele, die ich formuliert habe, war, dass ich frei von meiner Essstörung sein wollte. Als ich das aufschrieb, war ich tiefer drin als jemals zuvor (und danach). Ich glaubte auch nicht, dass ich jemals wieder normal essen können würde. Trotzdem brachte ich diesen Wunsch zu Papier. Unzählige Male verpasste ich den von mir gesetzten Termin. Trotzdem stand das auch in jedem Tagebuch, das ich danach vollschrieb, immer ganz vorne mit drin.

Es war oft frustrierend, dieses Ziel immer noch vor Augen haben zu müssen. Doch die Tatsache, dass ich es vor Augen hatte, bewirkte auch, dass ich immer weiter Schritte in diese Richtung unternahm. Alle anderen Ziele, die ich auf dem Weg dahin erreichte, halfen und bewirkten, dass ich auch dieses eine Ziel nicht aufgab – was in diesem Fall auch hieß, dass ich mich selbst nicht aufgab, bis ich irgendwann, 20!!! Jahre später, tatsächlich sagen konnte: „Essen ist Essen. Nicht mehr und nicht weniger.“

Das klingt für den ein oder anderen vielleicht trivial und wenig nach Erfolgsgeschichte. Für mich habe ich jedoch damit das Unmögliche möglich gemacht. Was unmöglich für dich ist, entscheidest immer noch du. Aber wenn es dir wichtig ist, dann wage es im Rahmen dieser Challenge auch, daran zu glauben, und schreib es auf. Denn wenn es irgendwo geschrieben steht, dann ist es schon da. Und es ist wert, da zu sein, weil es dir wichtig ist.

BEISPIEL:

NA IMMERHIN STEHT DA
SCHON MAL WAS...

#ZIELSTATTZUFALLCHALLENGE
#SELBSTWERT #GARNICHTSOEINFACH

Es ist schwer, den, der uns bewundert, für einen Dummkopf zu halten.

MARIE VON EBNER-ESCHENBACH

#SELBSTWERTCHALLENGE NR. 16

#KUDOS2MECHALLENGE

DAUER: 21 Tage. 21 Posts.

DU BRAUCHST:

Dein Tagebuch. Dein (Foto-)Device.

HOW TO:

1. Mach mindestens einmal am Tag einen Post zu den Dingen und Momenten, die du heute als Erfolg bezeichnen würdest.
2. Erklär, was man sieht und warum es ein Erfolg ist. #kudos2mechallenge #selbstwert
3. Notiere diese Dinge und Momente auch in deinem Tagebuch.

ZIEL:

Die #kudos2mechallenge ist im Wesentlichen nichts anderes als das, was die besonders fleißigen Menschen unter uns als „Erfolgstagebuch" bezeichnen. Dabei setzt man sich täglich (!) morgens oder abends hin und schreibt seine Erfolge in ein speziell dafür ausgelegtes Tagebuch. Das ist in manch einem Management-Coaching sehr beliebt.

Mit Recht! Denn es lohnt sich, sich ins Bewusstsein zu rufen, was alles gut gelaufen ist an diesem Tag. Wenn wir unsere Erfolge schwarz auf weiß vor uns sehen, können wir nach einiger Zeit daraus ablesen, worin wir wirklich gut sind. Wenn wir uns anschauen, was gut gelaufen ist, werfen wir also einen Blick auf das Positive in unserem Leben. Das ist etwas, was uns in der Regel nicht so leichtfällt. Schade, denn logischerweise kommen wir dadurch besser drauf, als wenn wir – wie sonst so gern – unsere „Personal Fails" des Tages im Kopf Tango tanzen lassen.

Ein Erfolgstagebuch ist also ein einfacher Trick, um das Selbstwertgefühl und Selbstbewusstsein zu stärken. Da das eigene Tagebuch aber in der Regel weniger frequentiert wird als dein Handy, und weil manche Menschen – ich eingeschlossen – schwer erfolgsdement sind, kannst du mit der #kudos2mechallenge deine Erfolge einfach mit deinem Device festhalten (und deine Freunde und Follower dran teilhaben lassen).

Mach es dir zur Gewohnheit, deine täglichen Erfolge wahrzunehmen. Sie müssen nicht groß oder bahnbrechend sein. Für mich ist die halbe Tafel Schokolade, die ich nicht gegessen habe und an der ich gerade noch nicht einmal riechen will, ein Erfolg. Ein schöner Abend mit meinen Freunden ist ein Erfolg. Dass ich heute früh aufgestanden bin und laufen war, ist ein Erfolg; und just for the records: Gestern hab' ich erfolgreich die neue Staffel einer Serie geguckt, die schon seit 3 Monaten auf meiner Watchlist stand. #kudos2mechallenge #selbstwert

BEISPIEL:

MEIN ERSTER TIKTOK-TANZ IN VOLLER LÄNGE.

#KUDOS2MECHALLENGE #SELBSTWERT #DONTJUDGE #40SOMETHING

HANDSTAND IN DER FREIEN WILDNIS. OHNE WAND. ICH KANN IHN NICHT LANG HALTEN. ABER IMMERHIN TRAUE ICH MICH ENDLICH!

#SELBSTWERT
#WALD
#HANDSTAND
#PROGRESSPIC

Everybody's Darling,
everbody's Depp.

FRANZ JOSEF STRAUSS

#SELBSTWERTCHALLENGE NR. 17

#NEINNOPENÖCHALLENGE

DAUER: Bei Gelegenheit. 1 Post.

DU BRAUCHST:

Dein Tagebuch. Dein (Foto-)Device.

HOW TO:

1. Sag „Nein“ zu jemandem oder etwas, zu dem du sonst immer „Ja!“ sagst, auch wenn du eigentlich gar nicht willst.
2. Schau, was passiert! Was sind die Reaktionen der anderen? Was macht das mit dir? Lässt du dich vielleicht doch überreden? Warum? Wie fühlt sich das Neinsagen an? Wie fühlst du dich jetzt?
3. Notier diese Dinge in dein Tagebuch.
4. Mach ein „Badass!“-Porträt von dir, das „Wat willste?“ bzw. „Boss Bitch“ schreit, und poste es in deinen sozialen Medien. #neinnopenöchallenge #selbstwert

ZIEL:

Auch mal Nein sagen zu können ist ein ganz dickes Brett in Sachen #selbstwert. Oft sagen wir „Ja" zu etwas, mit dem wir uns eigentlich irgendwie unwohl fühlen. Ich definiere „unwohl": nicht wirklich happy mit der Gesamtsituation. Das Gefühl ist also vage. Irgendwie möchten wir das, worum man uns da gebeten hat, nicht machen. Aber die Person hat nett gefragt, oder wir sind gut in dem, worum wir gebeten wurden. Und wir wollen niemanden enttäuschen. Oder als egoistisch dastehen. Und wenn es darum geht, eine mögliche Diskussion oder sogar einen Streit elegant zu umschiffen, ist ein „Ja" eh immer eine gute Wahl, oder?

Ein Beispiel: Du wohnst in der Innenstadt und ein/e Freund/in ruft dich in diesem Monat schon zum wiederholten Mal spätabends an, weil sie gerade irgendwo in einer Bar ist, noch auf Piste gehen will und lieber bei dir schlafen würde, als sich eine Fahrgelegenheit nach Hause zu gönnen. Wann sie genau kommt, kann sie natürlich nicht sagen.

Du bist selbst schon im Pyjama und wolltest eigentlich nur noch die letzte Folge deiner Lieblingsserie zu Ende gucken und dann ins Bett. Schließlich musst du am nächsten Tag arbeiten und einigermaßen frisch aussehen. Außerdem ist dir schon klar, dass sie – so, wie du sie kennst – eher nicht anmutig wie eine Katze in die Wohnung huschen wird, selbst wenn du ihr den Schlüssel irgendwo hinterlegst. Antwortest du jetzt mit einem „Ja, okay!", hast du also erfahrungsgemäß eine ziemlich unruhige Nacht. Was wäre aber, wenn du jetzt „Nein" sagen würdest?

Nun, eventuell – so war es jedenfalls bei mir – hast du irgendwann eine „Freundin“ weniger. Erst hatte ich ein komisch flaues Gefühl in der Magengegend, als sie natürlich entsprechend beleidigt auf mein „Nein“ reagierte, vor allem weil ich noch nicht mal einen besseren Grund dafür hatte als „Ich will heute einfach nur schlafen“. Doch das wich irgendwann einer bleiernen Müdigkeit. Ich hab geschlafen wie ein Baby.

Wenn du zu etwas Nein sagst, was du eigentlich eh nicht machen willst, dann sagst du damit gleichzeitig Ja – nämlich zu der Gelegenheit, stattdessen etwas anderes zu tun, was dir wirklich wichtig ist! Wenn du dann „Nein“ sagst, zollst du deinen Wünschen, deinen Gefühlen und deinen Bedürfnissen – kurz, dir selbst – Respekt. Was wahrscheinlich auch der Grund dafür ist, warum Menschen, die „Nein“ sagen können, im Allgemeinen eher respektiert werden als die sogenannten Ja-Sager. Deshalb heißt es auch so schön: „Ein Nein ist manchmal das bessere Ja.“

Aber „besser“ ist nicht gleich einfacher. Man braucht schon eine gehörige Portion Selbst-Bewusstsein für so ein „Nein“. In meiner Welt ist dieses Selbst-Bewusstsein jedoch nichts, womit man auf die Welt kommt. Es ist eine Erfahrung, die du machen kannst. Wie? Indem du – wie ich – das flaue Gefühl in der Magengegend, das du hast, wenn es durch dein „Nein“ zu einer unangenehmen Auseinandersetzung kommt, einfach mal „bewusst sein“ lässt.

Zum Glück bieten sich in jedem Leben viele, viele Gelegenheiten, bei denen man herausfinden kann, ob ein „Nein“ nicht vielleicht die bessere Antwort wäre. Denn auch beim Selbst-Bewusstsein gilt: Übung macht den Meister.

Mit dieser #challenge lade ich dich ein, genau das zu tun. Zu üben. Es geht ja in den seltensten Fällen um Leben und Tod. Deswegen brauchst du jetzt auch nicht jedes deiner Neins und Jas so krass überzubewerten. Trotzdem schadet es absolut nicht, einfach mal ein bisschen mit einem „Nein" herumzuspielen.

Randnotiz: Ich muss das noch einmal extra betonen: Es kann sein, dass du jetzt vielleicht supermotiviert bist, einem Bully oder deinem/r Chef/in oder Prof endlich mal die Meinung zu geigen. Für diesen Fall erkläre ich hier schon einmal meinen Haftungsausschluss. Es besteht nämlich eine reale Chance, dass der Schuss nach hinten losgeht und du dich dann mit den Konsequenzen herumschlagen musst.

Also: take it easy! Kein Zirkusartist probt den Hochseilakt ohne Netz, bis er die Sicherheit hat, dass er es auch ohne schafft. Gönn dir so ein Sicherheitsnetz auch, indem du erst einmal anfängst, das Neinsagen mit Menschen zu üben, mit denen du dich auf Augenhöhe fühlst: Kollegen, Freunden oder Familie. **Man kann auch kleine Schritte machen, solange es Schritte in die richtige Richtung sind.** Das war jetzt groß gedruckt, gell?!?

BEISPIEL:

YOU DO NOT NEED A THRONE TO BE A QUEEN.

#NEINNOPENÖCHALLENGE #SELBSTWERT #BACKSTAGE

Lesen stärkt die Seele.
VOLTAIRE

#SELBSTWERTCHALLENGE NR. 18

#READ A BOOK CHALLENGE

DAUER: 30 Tage je 10 Minuten pro Tag. Mindestens 1 Post.

DU BRAUCHST:

Ein Buch. Einen Textmarker. Dein Device.

HOW TO:

1. Such dir ein Buch aus, das dich interessiert.
2. Die Challenge ist, dieses Buch in maximal einem Monat durchgelesen zu haben. Wenn du es gewohnt bist, viel zu lesen, kannst du dir auch mehr oder anspruchsvollere Literatur vornehmen.
3. Zeig uns mit einem Foto/Story, welches Buch du liest und warum.
4. Mach es dir zur Gewohnheit, täglich zu einer bestimmten Zeit mindestens 10 Minuten zu lesen – zum Beispiel im Bus auf dem Weg zur Schule oder zur Arbeit oder am Abend, bevor du ins Bett gehst.
5. Wenn du etwas in deinem Buch besonders interessant findest, dich etwas inspiriert oder du etwas mit anderen teilen willst, markier es mit einem Textmarker. Natürlich nur, wenn das Buch nicht aus der Bibliothek ist. Du kannst auch ein Foto von der Textstelle machen.
6. Relax! Das ist keine Hausaufgabe. Das ist „Herzensbildung".
#readabookchallenge #selbstwert

ZIEL:

Mich hat mein Vater zum Lesen gebracht. Jeden Abend las er mir etwas vor, und wenn ich ein neues Buch haben wollte, sagte er nie Nein. Er selbst war in seiner Kindheit im Senegal nur bis zur dritten Klasse in die Schule gegangen, bevor er bei seinem Vater in dessen Krämerladen zu arbeiten anfing. Alles, was er darüber hinaus über das Leben wusste, hat er sich „erlesen". Er war es auch, der mir zum ersten Mal Goethes „Faust" in die Hand drückte mit den Worten: „Da steht alles drin." Recht hatte er. Bis heute ist dieses Buch zusammen mit ein paar anderen mein „How-To-Cope-With-Life"-Tutorial und Goethe somit sowas wie mein Life-Coach.

Lesen erweitert den Horizont. Meinem Vater ermöglichte das Lesen einen Zugang zu einer Welt, die er sich daraufhin selbst erkämpfte. Soll heißen: In einem Buch findest du ganz viel theoretische Weisheit, und es liegt an dir, diese dann in deinem Leben anzuwenden.

Zwar hat Lesen keinen direkten Einfluss auf dein Selbst-Bewusstsein, dein Selbst-Vertrauen, deine Selbst-Annahme oder deine Selbst-Sicherheit, doch wenn du willst, hilft es dir bei allem. So wie hoffentlich dieses Buch. Alles, was ich hier schreibe, ist theoretisch … bis du was damit machst. Nur du selbst kannst herausfinden, was Lesen für dich tun kann.

In einer Sache ist Lesen allerdings unschlagbar hilfreich: Ein Buch kann der Schlüssel zu deinem Selbstwert-versum sein. Denn Lesen ist das Tor zu anderen Lebenswelten. Kinder, die zum Beispiel viel vorgelesen bekommen, kommen um ein Vielfaches besser mit ihren Mitmenschen klar als solche, bei denen das nicht der Fall ist. Durch das Vorlesen lernen wir etwas über Mitgefühl. Das ist beim Lesen selbst ähnlich. Wenn wir zum Beispiel „mitfiebern", dann sind wir emphatisch. Folglich lehrt Lesen uns, wirklich menschlich handeln zu können. Empathie ist das, was uns von der künstlichen Intelligenz unterscheidet. Nichts, was wir in der Schule lernen, wird nicht irgendwann ein Computer besser, schneller und effizienter können als wir ...Beim Lesen ist das anders. Selbst wenn ein Computer die Buchstaben schneller erfasst als wir, wird er die Gefühlsebene der Zeilen, die er liest, nie erfassen können.

Die Grundkenntnis der Buchstaben auch anzuwenden, das liegt allerdings absolut an uns. Dabei ist es pupsegal, welches Buch du dir vornimmst. Wenn das Thema dich interessiert und du erst einmal anfängst, regelmäßig in dem Buch zu lesen, wirst du dich wundern, wie schnell du vorankommst. Vielleicht zieht dich das Buch komplett in seinen Bann, und ehe du dich versiehst, hast du es in einer Nacht weggebinged wie andere eine GoT-Staffel. Doch grundsätzlich ist es beim Lesen wie beim Skifahren oder Skateboarden auch: Wer es nicht übt, wird auch nie cool damit.

BEISPIELE:

MEIN NÄCHSTES PROJEKT!

Books don't just
go with you,
they take you
where you've
never been.
Anonymus

#READABOOKCHALLENGE
#SELBSTWERT

LANGSAM BEGINNE ICH ES ZU GENIESSEN

#READABOOKCHALLENGE #SELBSTWERT

EINFACH ...

That moment when something shocking happens in a book and you feel like you can't read fast enough ...

#LESELUST
#READABOOKCHALLENGE
#SELBSTWERT

So schuf Gott den Menschen als sein Abbild,
ja, als Gottes Ebenbild;
und er schuf sie als Mann und Frau.

DIE BIBEL, 1. MOSE 1:27

#SELBSTWERTCHALLENGE NR. 19

#MIRRORSELFCHALLENGE

DAUER: 10 Minuten bis 1 Stunde plus 10 Minuten RECAP-Zeit. Immer wieder mal wiederholen, if you like!

DU BRAUCHST:

Ruhe. Ein Spiegel. Einen Timer. Dein Tagebuch. KEIN Phone!

About: This is a tough one! Und auch nicht unbedingt etwas für jede/n. Mach die Challenge NUR(!), wenn du nüchtern(!) bist und dich absolut in der Verfassung siehst, dich auszuhalten.

HOW TO:

1. Mach dein Handy aus. Sorg dafür, dass du nicht gestört werden kannst.
2. Setz dich in einem etwas abgedunkelten Raum vor den Spiegel. Es ist nicht so wichtig, wie groß er ist. Hauptsache du musst ihn nicht festhalten und kannst zumindest dein Gesicht gut erkennen.
3. Überleg dir, wie lange du den Spaß durchhalten willst, und stell deinen Timer entsprechend ein. Für den Anfang würde ich 10 Minuten nehmen. Aber wenn du dir 15 Minuten zutraust, dann go for it!

4. Nun schau dir in die Augen! Wer zuerst lacht, verliert! Nein – Scherz! Wahrscheinlich wird es einen Punkt geben, an dem du dir das Lachen nicht verkneifen kannst. Du wirst dir albern vorkommen. Oder doof. Dir wird auch sicher an irgendeinem Punkt langweilig werden. Doch die Augen sind das Fenster zu deiner Seele, heißt es. Ich möchte, dass du versuchst, in deine Seele zu blicken. Ich möchte, dass du in ihnen versinkst! Ich möchte auch, dass du dich nicht aus den Augen verlierst!
5. Bleib dran und lass dich nicht ablenken! Tu nichts anderes! Du hast dich dir ausgesetzt, nun stell dich dir auch! Werde still!
6. Sitz dir selbst gegenüber, als würdest du dich zum ersten Mal sehen. Beobachte und merk dir jedes Detail an dir so, als würdest du es am Ende einem Phantombildzeichner beschreiben müssen.
7. Was siehst du? Was siehst du nicht (mehr)? Schreib deine Erkenntnisse und Gedanken anschließend in dein Tagebuch. #mirrorself #selbstwert

ZIEL:

Wir sind im Allgemeinen ganz schnell dabei, uns oder unsere Gedanken zu bewerten. Für alles, was wir sehen, denken, sagen und tun, gibt es eine Schublade in unserem Kopf, in die wir es stecken können. Besonders wenn wir still werden, wie in dieser Challenge, fangen unsere Gedanken an zu kreisen – gerne auch um das, was wir vor uns sehen. Und das sind in diesem Fall wir selbst.

Ich sage jetzt nicht, dass du das in dieser Challenge nicht darfst. Denn das wäre genauso zielführend, wie wenn ich dir raten würde, in dieser Challenge auf keinen Fall an Zebras zu denken. Wieso?

Weil du zu 100 % erstmal an Zebras denken würdest. Weil wir Menschen sind, haben wir Gedanken. Genauso menschlich ist es, wertende Gedanken zu haben. Was aber, wenn wir uns selbst mit einer gewissen Neugier begegnen? Wenn wir denken: „Ach schau! Das ist ja interessant. Irgendwie finde ich das … Mal sehen … ich warte mal ein bisschen ab und schaue, wie ich das dann finde."

Das heißt, du beobachtest deine Bewertung, anstatt dich einfach zu bewerten. Und zwar immer und immer wieder. Irgendwann wirst du merken, dass sich die Bewertung selbst irgendwie aufgelöst hat. Im besten Fall wirst du irgendwann auch so etwas wie eine Connection spüren. Nämlich dann, wenn du dich (endlich) mit deinem Spiegelbild angefreundet hast.

In dieser Challenge brauchst du nicht wertvoll zu tun. Du brauchst kein Make-up, keinen fancy Pulli, keinen Schmuck. Es ist niemand da, der dich beurteilen wird. Anders als beim regulären #mirrorselfie siehst du dich ohne Phone vor der Nase. Du siehst dich ganz. Dabei brauchst du nichts zu tun, als dich selbst so lange anzublicken, bis du das Wertvolle in dir erkennen kannst. Ohne Wenn und Aber.

Vielleicht wird es dir nicht beim ersten Mal gelingen. Vielleicht brauchst du sehr, sehr, sehr viele Anläufe. Aber das braucht dich nicht zu frustrieren. Du bist damit nicht allein. Und es lohnt sich so sehr!

FOOD FOR THOUGHT! Vor dir sitzt ein Bild Gottes, des Schöpfers, des Allmächtigen … Kannst du das sehen? Als Gott dich geschaffen hat, hat er da wohl gedacht: „Na ja, bei der Nase ist mir wohl der Stift verrutscht. Whatever … Next!"? Nein, er hat sich angesehen, was er geschaffen hat, und er „sah, dass es gut war" (so stellt er es in der Schöpfungsgeschichte in 1. Mose 1, ganz am Anfang der Bibel, gleich mehrmals fest).

In der Summe, kurz soll man beten, aber oft und stark; denn Gott fragt nicht danach, wie und lange man betet, sondern wie gut es ist, und wie es von Herzen geht.

MARTIN LUTHER

#SELBSTWERTCHALLENGE NR. 20

#OK PRAY CHALLENGE

DAUER: „… wie es von Herzen geht …“

DU BRAUCHST:

Nichts.

HOW TO:

1. Es ist toll, wenn du dir extra Zeit nimmst. Zum Beispiel am Morgen gleich nach dem Aufstehen oder am Abend, bevor du ins Bett gehst.
2. Schalte das Handy aus und sieh zu, dass du nicht gestört werden kannst.
3. Zünde eine Kerze an oder überleg dir ein anderes Ritual, das dir dabei hilft, dich zu konzentrieren & still zu werden. Es hilft übrigens nicht, wenn der Fernseher läuft. Es ist aber auch kein Drama, wenn es so ist, weil nebenan der Mitbewohner oder Geschwister durch die Bude wuseln. So etwas ist manchmal nicht zu ändern. Lass dich davon jedoch nicht abbringen und versuche die Zeit, in der du betest (oder meditierst), dennoch irgendwie zu genießen.

4. Nun wähl eine Art und Weise der Meditation, die dir liegt. Leg die Hände aneinander und bete oder lies (laut oder leise) in der Bibel oder einer anderen spirituellen Schrift deiner Wahl. Wenn du mit Religion nichts verbindest oder anfangen kannst, ist eine andere Art des „In-sich-Gehens" gleichwertig. Du kannst dir eine geführte Meditation im Netz raussuchen oder etwas anderes finden, das dir hilft, innerlich still zu werden. Tu das, womit du dich am wohlsten fühlst! Es hat seinen Grund, dass es so ist …
5. Schütte deiner Vorstellung von einem höheren Wesen dein Herz aus! Dabei musst du nichts zurückhalten! Warum auch? Erfährt eh nur der, der es wissen soll, oder etwa nicht?
6. Tu das nur für dich und erzähle niemandem davon! #selbstwert #okpraychallenge

ZIEL:

Es gibt Dinge, die kann man einfach nicht mit seinen Freunden besprechen. Es gibt Fragen, die einem so leicht niemand beantwortet. **Es gibt das Gefühl, dass man sich manchmal einfach irgendwem zuwenden will, der/die größer ist als das eigene Leben und der eigene Horizont.** Es gibt das Bedürfnis, dass man sich sicher fühlen will in Zeiten, wo alles um einen herum unsicher ist. Und ich glaube, es ist total okay, diesem Bedürfnis schamlos nachzugeben.

Nicht okay ist es, anderen zu sagen, dass sie das auch zu tun haben, oder schlimmer noch, wie sie es tun sollen. Hier geht es darum, in sich reinzuhorchen und seine Herzenswünsche auszudrücken, in Gegenwart einer Instanz, die nicht wertet. Manche werden jetzt sagen: „Aber Gott hat gesagt: ‚Du sollst nicht …', oder: ‚Allah will nicht, dass …“‘, oder so etwas Ähnliches. Seriously – I don’t care! Die Wünsche und Gefühle, die wir haben, sind da. Und sie wären es nicht, wenn ein Gott, der ja dein Schöpfer ist, sie uns nicht mitgegeben hätte. Es macht gar keinen Sinn, so zu tun, als wären sie nicht da.

Das heißt natürlich nicht, dass du sämtlichen Gefühlen immer sofort nachgeben sollst. Aber du kannst sie Gott hinhalten, dich von ihm ansehen lassen und hinspüren, ob etwas zurückkommt.

In Japan steht das Wort Nam oder Namu vor vielen buddhistischen Mantras. Namu bedeutet soviel wie: „Ich widme mich gänzlich.“ Ich würde noch „so, wie ich gerade bin“ hinzufügen. Denn wenn ich mich im Gebet schon nicht so zeigen kann, wie ich bin, wann dann? Wenn Gott mich nicht so sehen darf, wie ich bin, wie kann ich dann von anderen Menschen erwarten, dass sie mich um meiner selbst willen annehmen? Wenn ich Gott nicht um etwas bitten kann, was ich mir sehnlich wünsche, aber nicht beeinflussen kann – wen sollte ich sonst darum bitten?

Das geht nur dann, wenn du dich ganz zeigst – „offenbarst“ ist hier übrigens auch ein schönes Wort. Im Gebet steckt Selbst-Bewusstsein, Selbst-Annahme und Selbst-Erkenntnis. Und auch als Gelegenheit zur Selbst-Reflexion taugt so ein Gebet schon richtig gut. Du kannst in dich selbst hineinhören. Und das ist immer noch nicht alles.

Beim Beten vertraust du dich an. Du legst dein Leben in größere Hände. Da gehört viel Mut dazu, könnte man jetzt sagen. Aber ich würde es eher kindliche Neugier nennen. Das klingt viel weniger bedrohlich und gleichzeitig spannender. Und eine gewisse Spannung ist sicher angebracht. Denn wenn ich den Erzählungen anderer Betender Glauben schenke, kann ein tiefes Gebet der Schlüssel dazu sein, um ein Gefühl dafür zu bekommen, wie es ist, ein glitzernder Tropfen im unerschöpflichen Meer des Lebens zu sein. Klingt irgendwie schön? Und ist es auch!

Fun Fact: Ich möchte an dieser Stelle einmal festhalten, dass ich, zumindest was Gebetsminuten angeht, zum Mile High Club gehöre. Mein Morgengebet ist mir so wichtig, dass ich es nicht selten nachholen muss, weil ich zum Beispiel verschlafen habe und sonst meinen Flug verpasst hätte. Zum Glück hat mich noch kein/e Flugbegleiter/in darauf angesprochen, was ich in der Flugzeugtoilette vor mich hin gemurmelt habe. Ich führe das auf deren professionelle Diskretion zurück. Was ich damit sagen will? Die #okpraychallenge gibt's auch to go!

BEISPIEL:

YOU GOT THIS!

Ein Kompliment ist Sonnenschein mit Worten.

PHIL BORMANS

#SELBSTWERTCHALLENGE NR. 21

#PUSHUPCHALLENGE

DAUER: maximal 10 Tage.

DU BRAUCHST:

Dich. Eventuell dein Device.

HOW TO:

1. Du verteilst vier Komplimente an zwei verschiedene Menschen.
2. Ob jede Person nun zwei Komplimente bekommt oder dein Lieblingsmensch drei und der/die andere eins, ist für diese Challenge unwichtig.
3. Die Komplimente können mündlich oder schriftlich, persönlich oder virtuell überbracht werden.
4. Einzige Voraussetzung für dein Kompliment ist: Es hat NICHTS mit Aussehen zu tun. „Du bist ein super Freund/eine tolle Freundin!" Cool! Kompliment. „Das war wirklich Hammer, wie du die Präsentation da gemacht hast. Ich hab mich keine Sekunde gelangweilt." Passt! Kompliment. „Wenn du bei mir bist, geht es mir gut." Auch ein schönes Kompliment. „Deine neuen Dritten sehen ja aus wie in der Werbung, Oma!" Hat – keine Frage – was mit dem Aussehen zu tun … „Dein … erzählt die schönsten Geschichten, wenn er sich bewegt ..." Nice try, sweetheart! Kein Kompliment! Zurück auf Los! Wenn du dir nicht

sicher bist, was ein Kompliment sein könnte, das nichts mit dem Aussehen zu tun hat, hilft zum Beispiel die Frage „Was kann mein/e Freund/in besonders gut?"

5. Du kannst ein solches Kompliment in eine Story/ein Post verpacken und den Empfänger darin taggen, wenn es passt. Deine Oma wirst du eventuell aber einfach mal wieder anrufen müssen …
6. Nicht nachlassen, bis du alle Komplimente vergeben hast. #pushupchallenge #selbstwert

ZIEL:

Hier verteilst du Komplimente. Warum? Um anderen Leuten eine Freude zu machen? Vielleicht! Es kann aber auch sein, dass der Schuss nach hinten losgeht, weil das, was dir positiv aufgefallen ist, dem Betreffenden gar nicht allzu wichtig erscheint.

Deswegen ist das im Selbstwert-Kontext nur ein schöner Nebeneffekt. Der eigentliche Sinn dieser Challenge liegt zunächst einmal darin, eine Sache zu lernen. Nämlich zu formulieren, was einem warum gefällt. Das ist eigenartigerweise ungleich schwerer, als zu sagen, was einem NICHT gefällt. Zu Letzterem werden wir gesellschaftlich fast schon konditioniert. Tatsächlich hauen die meisten von uns mit nicht konstruktiver Kritik und Kommentaren um sich wie Oliver Pocher mit seinen Pointen. Wenn wir jedoch aufgefordert werden zu sagen, was wir an jemandem schätzen und warum, fangen wir an zu stottern.

„Der/die ist aber auch einfach nur doof!", kommt vielleicht als Gegenargument. So, und jetzt mal SORRY! Das stimmt einfach nicht! NIEMAND ist einfach nur doof. Manche Leute sind einfach nur unglücklich oder haben andere Gründe, warum sie sich so oder so verhalten! Und vielen fehlt sehr wahrscheinlich leider auch die Connection zu ihrem Selbstwert.

Da du jetzt aber wenigstens theoretisch weißt, dass der Wert des Lebens dieser Menschen genauso unbegrenzt ist wie deiner und dass ihr euch ähnlicher seid, als dir das vielleicht lieb ist, dann … fällt es dir vielleicht leichter, etwas Gutes an der Person zu finden. Und wenn es nur aus Prinzip ist. Denn: Wenn ich den Fehler eines anderen einfach nachmache, wird er dadurch nicht richtiger.

Diese Challenge ist schwierig, weil es schwer ist, sich auf das Gute und Schöne zu konzentrieren, wenn man sich unsicher ist, ob das eigene Leben nicht vielleicht doch einfach nur scheiße ist. Vielleicht kommst du dir oberflächlich und unehrlich vor, wenn du die ersten Komplimente machst. Ich zum Beispiel habe mich oft genug dabei ertappt, dass ich meinem Gegenüber die ganze Großartigkeit, die ich in ihr/ihm erkannt und benannt habe, nur sehr schwer auch wirklich gegönnt habe. Das ist sicher auch für dich absolut nachvollziehbar. Schon „Max und Moritz"-Autor Wilhelm Busch reimte: „Wir mögen keinem gerne gönnen, dass er was kann, was wir nicht können."

Doch gerade in diesen Fällen ist diese Challenge ein Gamechanger. Sie gibt uns die Möglichkeit, über uns selbst hinauszuwachsen. **Indem wir eine Fähigkeit eines anderen positiv anerkennen können, geben wir dieser Sache oder dem Attribut auch automatisch einen Platz in unserem Leben.** So funktioniert das im Selbstwert-versum. Weil wir alle aus derselben Quelle schöpfen, wird das Gute und Schöne, das wir in anderen sehen können, sich ganz natürlich auch in unserem Leben widerspiegeln.

Jemandem ein Kompliment zu machen, den man „hated" (vielleicht auch, weil man sie/ihn insgeheim ein kleines bisschen beneidet), hat den größten Impact. Nicht einmal so sehr für die andere Person, sondern eher für dich. Ich formuliere es mal so:

Hier kannst du auf ganz besonders elegante Weise dein Selbst-Bewusstsein vergrößern. Wahrscheinlich glaubst du mir das nicht, bis du die Erfahrung selbst gemacht hast. Aber genau dazu ist so eine Challenge ja da.

Abgesehen davon haben ernst gemeinte Komplimente noch keiner Freundschaft (oder sonstigen zwischenmenschlichen Beziehung) geschadet. Und weil es in diesem Fall ja nicht um das Aussehen gehen darf, musst du dich ein bisschen mehr mit der betreffenden Person auseinandersetzen, damit es dir gelingt, ein ernst zu nehmendes Kompliment über die Lippen zu bekommen. Das wird deiner Connection zu dieser Person auf jeden Fall guttun. Aber auch deine Connection zu deinem Selbstwert stärkst du auf diese Weise. Denn dafür zu sorgen, dass es einer anderen Person gut geht, ist definitiv eine ultimativ mitfühlende Aktion.

BEISPIEL:

@emilia hat mir gerade 1 Stunde lang zugehört, wie ich über meinen Ex hergezogen bin, und dabei nicht einmal ihre Nachrichten gecheckt.

SIE IST NUN OFFIZIELL DIE BESTE ZUHÖRERIN DER WELT!

#PUSHUPCHALLENGE #REVERSED #IRGENDWIE #SELBSTWERT #BFF

Scheiß auf inspirierende Worte,
Zeit, dass dir der #selbstwert aus dem Arsch scheint!

#SELBSTWERTCHALLENGE NR. 22

#BELIKETHESUNCHALLENGE

DAUER: Immer mal wieder. Immer öfter. Immer weiter.

DU BRAUCHST:

Nichts.

HOW TO:

BE LIKE THE SUN!
AUFSTEHEN. ALLE ANSTRAHLEN. RELAX. REPEAT.

Zu abstrakt?

Okay, ich mach's etwas konkreter: Stell dir bei jedem Menschen, dem du begegnest, die Frage: „Was kann ich JETZT tun, damit mein Gegenüber eine bessere Connection bekommt?“

Zum Beispiel kann das so gehen:

1. Komm in Kontakt mit den Menschen um dich herum. Kommuniziere mit ihnen. Gerne auch mit Leuten, die du noch nicht so gut kennst. Online in deiner Whatsappgruppe oder einem Instaprofil zählt hier genauso wie in der Realität in der Uni oder im Office. Auch die freundlichen drei Worte für den Menschen

an der Kasse im Supermarkt, das Lächeln für die alte Dame, die jeden Tag auf deinem Weg am Fenster sitzt, oder das Like für die entfernte Tante, die du plötzlich auf TikTok entdeckst, sind hier gemeint. Reach out!

2. Du kannst dich auf einer Party oder einer Veranstaltung beispielsweise anbieten, den anderen Gästen die Tür zu öffnen und die Jacken mit einem strahlenden Lächeln entgegenzunehmen. So kommst du auf jeden Fall auch mit allen in Kontakt. Sorg dafür, dass sich alle willkommen fühlen. Übrigens: Freiwilligenarbeit – ob im Verein, in der Gemeinde oder auf Veranstaltungen – bietet auch jede Menge Gelegenheiten hierfür.

3. Zuhören! Finde heraus, was dein Gegenüber bewegt. Manchmal ist das alles, was es braucht. Manchmal kannst du dein Gegenüber ermutigen, das Potenzial, das du nach all dem, was du hier gelernt hast, in ihm/ihr siehst, auch zu sehen. Vielleicht unterstreichst du es mit einem ernst gemeinten Kompliment, wie in der #pushupchallenge? Aber gut zuhören zu können, um die Sicht deines Gegenübers auf die Welt kennenzulernen, halte ich für wichtiger. Das hilft dir am Ende auch, die richtigen Worte zu finden. Oft genug vertut man sich da nämlich gewaltig. Nicht umsonst heißt es ja: „Ratschläge sind auch Schläge", oder?

4. Nicht immer hat man Bock auf dich. Überleg mal! Manchmal findest auch du es im Schatten angenehmer. Das musst du respektieren. Und das bedeutet ja auch nicht, dass du nicht mehr „scheinen" kannst. Manchmal ist für jemanden da zu sein, wenn der/die dich braucht, schlichtweg alles, was du tun musst.

5. Erwarte keine Heiligsprechung! Erwarte noch nicht einmal ein „Danke“! Du machst das nicht für etwas oder jemanden. Du machst das für dich und deine #selbstwert-Connection! Denk daran, wenn jemand dich und deine Bemühungen nicht mit offenen Armen empfängt. Und: Sprich NICHT drüber! Jedenfalls nicht mit dem Ziel, dass du bei anderen gut ankommst. Nur, dass ich es mal gesagt habe: Es ist gar nicht cool, wenn du die Probleme und Geheimnisse, die jemand dir anvertraut hat, in die Welt hinausposaunst, damit du am Ende besser dastehst. Wenn du dich jedoch freust, weil die #belikethesunchallenge bei dir so super funktioniert hat, ist das was anderes. Bleib in deinen Erzählungen aber bei deinen eigenen Erfahrungen und halte Dritte da raus!

6. Du wirst sehr schnell merken, dass einige Leute dir sympathischer sind als andere. Es wird sicher auch mal eine Person geben, die dir extrem auf den Keks geht. Auch hier: BE LIKE THE SUN! Die pinnt sich ja auch keine Wolken vor ganz bestimmte Menschen. Natürlich kannst du nicht alle Leute zu jeder Zeit von Herzen lieben. Hier und da ist es vielleicht auch für dich besser, wenn du einen gewissen Sicherheitsabstand einhältst. Dann tu das! Doch behalte im Hinterkopf: Das, was wir uns eigentlich alle von Herzen wünschen, ist eine gute Happiness-Connection, also: wirklich glücklich zu sein.

7. Lächle! Du brauchst nicht zu lächeln, nur weil es von dir verlangt wird. Im Rahmen der #belikethesunchallenge sehe ich dein Lächeln eher als das angenehme Geschenk, das du der Welt machen kannst, weil du du bist.

8. Was auch immer passiert: Lass dich nicht unterkriegen. BE LIKE THE SUN! #belikethesunchallenge #selbstwert

ZIEL:

Wenn du jetzt denkst: „Bist du verrückt geworden?! Ich mach mich doch nicht vor der ganzen Welt zum Affen!“, dann bin ich voll bei dir. Das dachte ich nämlich auch. Auf der anderen Seite denke ich das bei vielen Challenges, dir mir so im Netz begegnen, und am Ende mache ich sie doch. So!

Im Selbstwert-versum ist die Theorie hinter dieser Challenge ziemlich logisch. Wenn du dich vor deinem Spiegelbild verneigst, tut es dasselbe auch für dich. Indem wir uns bemühen, anderen Mitgefühl (und Respekt) entgegenzubringen, tun wir dies gleichzeitig auch für uns selbst. Wenn die Welt um mich herum quasi ein Spiegel dafür ist, wie ich selbst bin, und ich sie „anstrahle“, dann kommt mir mein Licht auch wieder entgegen. So weit, so gut … und irgendwie wissen wir das auch alle.

Hiermit kommen wir zur Realität. Denn der nächste Montag kommt bestimmt. Ich zum Beispiel werde montags immer sehr kreativ, wenn es darum geht, mir Beleidigungen für mich schneidende Fahrradfahrer oder im Weg stehende Menschen zu überlegen. Ich werde einfach gern und schnell mal sauer, und in meinem Fall sind meine „Montagshasstiraden" noch mein „Süßsauer“. Aber sollte ich – also die mit der Sonne – mir da nicht an die eigene Nase fassen? Ja. Und das tue ich. Schon sehr lange und oft mit Erfolg. Nur montags ist's halt schwer …

Der Punkt ist der: Wir Menschen sind großartige, aber auch komplexe Wesen. In uns allen steckt zu jeder Zeit sowohl ein ehrenhaftes und liebenswertes Engelchen als auch ein boshafter und egoistischer Teufel. In einem Moment sind wir strebsam und zielgerichtet, im anderen ist alles scheißegal und wir öffnen die zweite Tüte Chips, nachdem wir die erste achtlos auf der Wiese entsorgt haben.

Weil wir Menschen sind, ist unsere Auswahl an Gemüts- und Wesenszuständen so unendlich wie das Angebot bei Amazon. Doch AUCH weil wir Menschen sind, haben wir so etwas wie ein Selbst-Bewusstsein. Das befähigt uns dazu zu erkennen, wie wir gerade drauf sind. Darüber hinaus sind wir durch unser Selbst-Bewusstsein auch in der Lage zu entscheiden, wer wir mal sein wollen. Es gibt da eine ganze Auswahl, und anders, als wir oft denken, können wir wählen.

Das ist also die Frage, die du dir stellen musst. *Wer will ich sein?*
Ein Mensch mit einer guten Selbstwert-Connection?
Nun, dann: BE LIKE THE SUN!

Nur ist das – wie man an meinem Beispiel gut sehen kann – mit einem Mal Entscheiden nicht getan. Auch wenn es sich sehr einfach anhört, ist es oft nicht einfach, Mitgefühl, Respekt und gute Vibes in die Welt rauszutragen. Denn die Welt hat echt viele Montage im Jahr.

Wenn ich mein Leben trotzdem auf #selbstwert-Kurs bringen will, muss ich mich immer wieder in diese Richtung drehen und Schritte machen. Egal, wie groß diese sind. Egal, wie schnell oder langsam ich vorankomme. Ankommen werde ich sicher.

Das ist besonders am Anfang nicht immer leicht. Auch ist dir vielleicht unklar, womit du anfangen sollst. Deswegen habe ich mich entschlossen, ziemlich ausführlich zu beschreiben, wie das konkret aussehen kann. Ich glaube auch, dass es am Anfang Sinn macht, dir ganz konkrete Anlässe auszusuchen, bei denen du die Challenge machst. Gerne auch nur einen Teil der Challenge. Du kannst zum Beispiel eine/n Freund/in besuchen und dir vornehmen, ihm/ihr heute richtig gut zuzuhören.

So was ist für die meisten von uns umsetzbar. Somit ist es ein erster Schritt in die richtige Richtung – nämlich in eine, die glücklich macht.

Ich wurde mal gefragt, was ich denn gemacht hätte, um aus der Depression rauszukommen, die ich vor Jahren hatte. Nun, rein theoretisch wusste ich von dem Selbstwert-versum in mir. Aber faktisch fühlte sich mein Leben an wie ein endloses Nebel-Labyrinth aus dunklen Gedanken, in dem ich nur noch um mich selbst kreiste. Mein Leben? Wertvoll?! Fehlanzeige. Selbstwertgefühl? Nope, nicht wirklich … Und dann soll ich wie die Sonne sein?!

Auf jeden Fall war mir klar, dass ich lieber 'ne Sonne sein wollte als ein bemitleidenswertes Schattengewächs. Und da gibt es ja auch die goldenen Worte: „You are what you repeatedly do." Wenn ich den Wert meines Lebens in mir selbst nicht erkennen konnte, dann wollte ich mich zumindest bemühen, ihn in anderen zu erkennen und zu schätzen.

Also habe ich mir so oft wie möglich Gelegenheiten gesucht, bei denen ich andere Menschen im Rahmen meiner Möglichkeiten unterstützen und ermutigen konnte. Selbst dann, als ich nicht mehr verheimlichen konnte, wie schlecht es mir ging. Anstatt meinem inneren Drang nachzugeben, mich allein zu Hause zu verkriechen, suchte ich mir so oft ich konnte Gelegenheiten, bei denen ich „eine Sonne“ sein konnte. Auch wenn das bedeutete, dass diese Sonne an dem Tag mal nicht lächelt.

Das war nicht immer einfach. Ich brauchte sehr viele Pausen. Das mit dem „aktiven Mitgefühl“ fand ich oft unglaublich schwer, und ich kam mir nicht selten vor wie der größte Fake. Und – das gebe ich zu – ich war zu keinem Zeitpunkt wirklich fest überzeugt davon, dass das, was ich tue, wirklich etwas bringt. Ich hab es nur geglaubt. Oder versucht. Oder gewagt. Immer wieder. Immer weiter und trotz allem.

Und dennoch gibt es viele Menschen, die mir noch heute erzählen, wie sehr ich damals ihr Leben berührt hätte. Dabei war ich einfach nur da und habe der Person versprochen, dass ich, egal, was passieren würde, nicht von ihrer Seite weichen würde. Und das sollte für mich selbst ein regelrechter Lebensretter werden. Denn dieses Versprechen galt nicht nur meinem Gegenüber, sondern gleichzeitig auch mir, da ich in dieser Zeit auch mit ernsthaften Suizidgedanken zu kämpfen hatte.

Irgendwann aber waren eben diese Gedanken einfach weg. Sie hatten sich, wie Nebelwolken in der Morgensonne, eines Tages einfach in Luft aufgelöst. Und die Sonne – das war ich.

Habe ich meine Depression nun besiegt? Ja und nein. Grundsätzlich habe ich sie immer noch im Angebot – diese Dunkelheit im

Herzen. Ich weiß aber, wie ich mich wieder dem Licht zuwenden kann. Der Gedanke an mein Selbstwert-versum gibt mir die Richtung vor, und mit der #belikethesunchallenge mache ich mir dann das Licht an.

Das klingt alles so simpel und ist dennoch die größte Herausforderung im Rahmen dieses Buches. Sehr wahrscheinlich ist es eine der größten Herausforderungen überhaupt. Dennoch sind deine Bemühungen im Rahmen dieser Challenge der direkte Weg, deinen #selbtwert auf die Straße zu bringen.

Wenn wir uns jetzt das „Bigger Picture“ anschauen, ist die „Sonnenenergie“, die du so kreierst, genau die Energie, die es braucht, um die Gesellschaft, in der wir leben, zum Positiven zu verändern.

Und last but not least ist das auch der Weg, dich in deiner Einzigartigkeit für die Welt WIRKLICH unersetzlich zu machen.

Ein gesunder Wald braucht viele starke und gesunde Bäume. Nicht nur einen. Und doch fängt es mit einem Baum an. Dieser eine Baum bist du. Und zwar ab dem Moment, in dem du dich entscheidest, an deinen Selbstwert zu glauben. So lange, bis dieser Glaube zur Überzeugung wird. #challengeyourself #belikethesun #change #selbstwert

BEISPIEL:

#BELIKETHESUN #SELBSTWERT #CANIDOTHIS

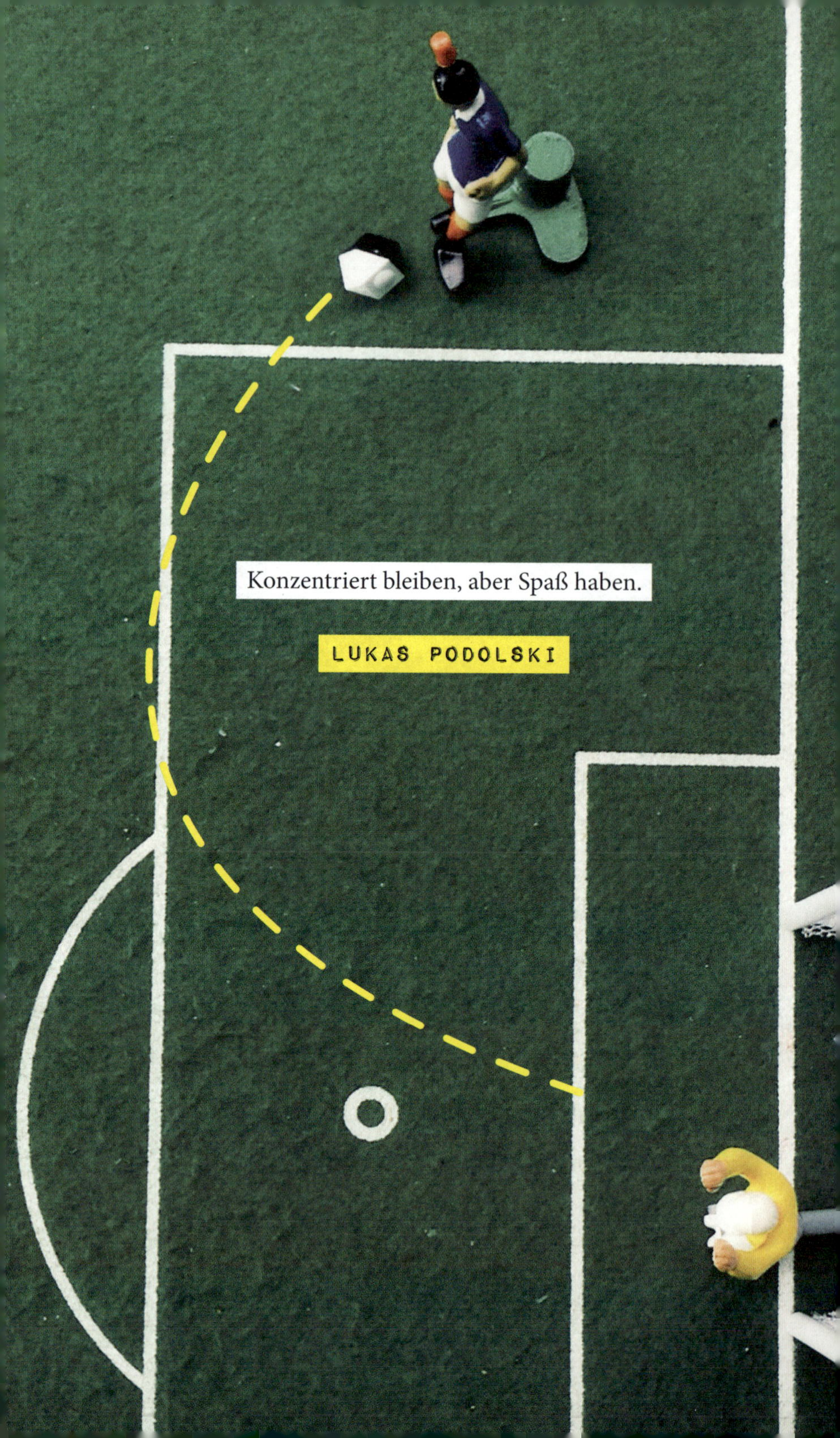

Konzentriert bleiben, aber Spaß haben.

LUKAS PODOLSKI

OUTRO

Wem in diesem Buch die Tiefe, die Weite oder der Pfeffer fehlt, dem sei gesagt: Stimmt!

Hier ist alles so angelegt, dass du es einfach für dich anwenden kannst. Ich habe jede Challenge recherchiert und von Leuten, die sich auskennen, checken lassen, ob sie Sinn macht und ob sie gut machbar ist. Ich verspreche dir: Wenn du eine Challenge machst, wird sich sicher etwas in deinem Leben bewegen. Im Zweifel du! Und darum geht es ja.

Das hier ist ein Mut-Mach-Buch. Nicht mehr und nicht weniger. Es ist auch ein Stück weit ein Sinn-Mach-Buch. Denn nur, wenn wir verstehen, warum wir etwas tun sollen, tun wir es auch wirklich und immer. Doch im Wesentlichen geht es nicht um das, was hier drinsteht, sondern darum, was du damit machst.

Leo Tolstoi soll mal gesagt haben: „Alle wollen die Welt verändern. Doch keiner denkt daran, sich selbst zu verändern.“ Ich hab auch nie dran gedacht. Deswegen kam mir auch sehr lange alles immer so schwer und sinnlos vor. Ganz viel habe ich nicht verstanden, und noch mehr konnte ich gar nicht erst einordnen. Und dann zählt man auch noch gar nicht richtig, weil man ja noch so jung ist. Eventuell kann man noch nicht mal wählen gehen. Es ist unglaublich frustrierend.

Heute haben junge Menschen viel mehr Möglichkeiten, sich Gehör zu verschaffen. Was sie auch mutig tun. Gleichzeitig wirkt es so, als wären die Herausforderungen, vor denen sie (wir alle) stehen, viel größer als noch für die Generation davor. Die Erderwärmung, Kriege und damit verbundene Flüchtlingskrisen, von Menschen gemachte Pandemien, Naturkatastrophen … die Liste ist lang. Ein bisschen so wie bei David gegen Goliath scheint der Kampf nicht ganz fair. Und wie David auch werden wir nur dann „siegreich" sein, wenn wir irgendwie über uns hinauswachsen.

Wie das für dich gehen kann, habe ich hier versucht, so zu beschreiben, dass wir alle auch Lust haben, es tatsächlich zu tun. Schließlich ist es – auch oder gerade, wenn es „um etwas geht" – wichtig, dass wir die Leichtigkeit und die Freude nicht verlieren. Denn was uns keine Freude bereitet, werden wir ziemlich sicher auch nicht langfristig durchziehen können.

Wie viele Kerzen auch immer auf deiner Geburtstagstorte brennen mögen, die sozialen Medien sind ein Weg, viele Menschen mit derselben Geisteshaltung zusammenzubringen. In diesem Fall eben zur eigenen „Herzensbildung". Wir sind wieder beim Stichwort „Freude": So wie beim Training für den Sixpack auch, spornt gemeinsames Trainieren an, macht Spaß und führt dazu, dass man eher dranbleibt, als wenn man allein zu Hause seine Übungen macht.

Da wir die sozialen Medien meistens ja eh schon nutzen, ist es fantastisch, dass sie hier auch „von Nutzen“ sind. Und dennoch ersetzen sie natürlich echte Menschen nicht. Wirkliche Herzensbildung funktioniert nur direkt – von Herz zu Herz.

Ich hoffe sehr, dass auch du und ich uns vielleicht einmal „in echt“ gegenüberstehen und ich spätestens dann von all deinen tollen Erfahrungen hören darf. Bis dahin aber gern im Netz mit dem #selbstwert. Ich freu mich drauf!

NOTIZEN

DANKE!!!

Anke!!! – Du bist nicht von dieser Welt. Aber für diese Welt (zumindest für meine) ist es toll, dass du da bist.

Dem Team des adeo-Verlages. Dieses Baby ist unter besonderen Umständen zur Welt gekommen. Besondere Umstände erfordern besonderen Einsatz. Danke dafür!

Carsten Müller, Teencoach Kristine Dierschke, Theresa Schmidt und allen, die ich an dieser Stelle nicht berücksichtigen konnte, weil diese Zeilen schon geschrieben und abgegeben sind. Dafür, dass ihr euch mit den #challenges auseinandergesetzt habt.

Miriam Durrani. Für dein Artwork bei @selbstwert, für deine Familie, deinen Kuchen und sowieso all die unglaubliche Unterstützung in den letzten Monaten.

Rina. For being my spiritual mom and messing up my ability to speak einfach nur Deutsch.

Robert! You always got my back. #team #love #goals

Anna und Olivia. Für alles, was ihr für mich seid, alles, zu dem ihr mich macht, und alles, was ihr noch werdet.

QUELLEN

1 Rosenberg 1997: „The self- esteem motive intrudes on many of our daily activities, influencing what we say, how we act, what we attend to, how we direct our efforts, how we respond to stimuli."

2 Zum Beispiel: Social Networking Site Use and Self-Esteem: A Meta-Analytic Review by Zarah Valedi und Lilach Dahoah Halevi von Okt. 2019.

3 Ebd. „Individuals with lower self-esteem may develop more online relationships because they tend to be more sensitive to interpersonal relations and more dependent on others for approval. This may be related to feelings of awkwardness in face-to-face social situations, and thus, communicating online via social networking sites might be an effective way of socializing for them."

4 https://journals.plos.org/plosone/article?id=10.1371/journal.pone.0203522: „Receiving a hug is associated with the attenuation of negative mood that occurs on days with interpersonal conflict."

Der Verlag weist ausdrücklich darauf hin, dass im Text enthaltene externe Links vom Verlag nur bis zum Zeitpunkt der Buchveröffentlichung eingesehen werden konnten. Auf spätere Veränderungen hat der Verlag keinerlei Einfluss. Eine Haftung des Verlags ist daher ausgeschlossen.

MIX
Papier aus verantwortungsvollen Quellen
FSC® C084279
www.fsc.org

Bildnachweise – Shutterstock: FREEPIK2, Victoria HAF (S.38), Midstream (S. 46), yurakrasil (S. 52), Maksbart, Gun2becontinued (S.60), DimaBerlin (S.66), fizkes (S.67), INAMEL (S.68, 73), Anna Kutukova (S. 73), hchjjl (S. 74), Alena Ozerova (S.79), lena_nikolaeva (S.80), Ilina93 (S.83), hudhud94 (S.84), D.L.Sakharova (S.92), WinWin artlab (S.98), feelphoto2521 (S.105), ANNA LESKINEN (S.105), hchjjl (S.111), LHF Graphics, Blue Planet Earth (S.116), MicroOne (S.123), Cory Thoman (S.128), Mas Hasyim (S.134), Katrin_Freesoul (S.146), Ton Photographer 7824 (S.150), Thananchai Jaipa, Huza Studio (S.154), rangizzz (S.159), Set Line Vector Icon (S.160), Tasha Vector (S.166), BananyakoSensei (S.172), Sascha Christian (S.182); Bilder Unsplash: slava-keyzman (S. 43), sarah-brown (S.44), severin-candrian (S.49), eaters-collective (S.56), the-creative-exchange (S.59), pelayo-arbues (S.60), janko-ferlic (S.68, 73), alexandru-tabusca (S. 77), vicko-mozara (S.96), brenna-huff (S.97), martin-sanchez (S.98), nathan-dumlao (S.106), vonecia-carswell (S.109), josue-escoto (S.110), annie-spratt (S.111), mindspace-studio (S.111), daniel-adesina (S.123), ehimetalor-akhere-unuabona (S.127), annie-spratt (S.128), hello-i-m-nik (S.133), xenia-bogarova (S.134), amanda-vick (S.137), jasper-garratt (S.138), john-mark-smith (S.146), taisiia-shestopal (S.151), toa-heftiba (S.160), joshua-hanks (S.165), kevin-turcios (S.171), giorgio-trovato (S.172), claudio-schwarz-purzlbaum (S.181); Milka Loff Fernandes: S.45, 46, 50, 51, 74, 78, 84, 88, 89, 91, 92, 95, 103, 104, 116, 120, 121, 140, 145, 152, 166; Anke Lönne: S.57; Franz Josef Baur: S. 80

© 2021 adeo Verlag in der SCM-Verlagsgruppe GmbH
Dillerberg 1, 35614 Aßlar
Best.-Nr. 835292
ISBN 978-3-86334-292-0
Gesamtgestaltung: Andreas Sonnhüter, www.grafikbuero-sonnhueter.de
Umschlagfoto: Baranov E, icon0.com, progressman,
Maria Skrigan (shutterstock.com)

Druck und Verarbeitung: Print Consult GmbH, München
www.adeo-verlag.de